アオアシに学ぶ「答えを教えない」教え方

自律的に学ぶ個と組織を育む
「お題設計アプローチ」とは

仲山進也

はじめに――「答えを教えないタイプ」の教え上手は何をしているのか

「なぜ教えても育たないのか」（指導する側）
「なぜこの職場では成長できる気がしないんだろう」（指導される側）

この本は、そんなギモンを持ったことがある人のためのものです。

たいていの人は、それまで「教わる側」だったのが、どこかのタイミングで突然「教える側」になります。部活や職場に新人が入ってきたり、マネジャーになってメンバーを持つことになったり、研修担当に配属されたり、子どもに勉強や運動を教えることになったり。でもその時点で、「教え方」を教わったことがある人はそう多くありません。人が「教えなきゃ」と思ったとき、体に染み込んでいるのは学校の授業。その結果、意識的または無意識のうちに「学校の先生」みたいにふるまってしまうわけです。自分が生徒だったときには「つまらない」「退屈だ」とか「型にハメられて窮屈だ」とか思っていたにもかかわらず、なぜか「あの教え方」になってしまうのです。そして「ぜんぜん伝わらない」とか「熱意をもって教えているのに育たない」と悩み、何か参考になる情報はないかと探し始める。すると、いつしか「教えすぎてはいけない」という教えに出合います。「そうだったのか、早く言ってよ」と、早速「教えない」ようにする。しかし「自分で気づいてほしい」と祈りながら見守っても、一向に気づいてもらえずイライラが募っていく。そのうちガマンの限界に達して、結局また「違う、そうじゃなくてこうするんだよ！」と教えすぎてしまい、イヤな顔をされる。一体どうすればよいのか……と途方に暮れるなんて人、いませんか（かつての自分）。

そして、そんな指導者や上司・先輩から「自分で考えてごらん」と言われるだけで、何をどうしたらよいのかさっぱりわからないまま時間だけが経過し、「ここにいると成長実感がなくて不安だ」「ずっといてはいけない気がする」と思っている人、いませんか（被害者の会）。**そういう人にとって本書は「だからこの職場では成長できる気がしなかったんだ」という気づきや「よい環境の選び方」「成長するための姿勢」の理解につながるはずです。**

世の中には教え方がうまい人がいます。その周囲の人たちが、優れた結果を出したり、知識やスキルを身につけてどんどん成長していく。そんな、教え方がうまい人には2種類あります。「答えを教えるタイプ」と「答えを教えないタイプ」です。

「答えを教えるタイプ」は、ハッキリ「こうしろ」と言います。教わる側がその通りにやると、結果が出る。結果が出るので、やる気になる。「次はどうすればよいですか?」と聞くと、「次はこうしろ」と言ってくれる。そのアドバイスが驚くほど的確なので、どんどん成長していく。ただし、そのカリスマ的な指導者がいなくなってしまうと、教わる側の伸びは止まります。次、どうしたらよいかがわからないから。

それに対して、「答えを教えないタイプ」のまわりには、自分で考えて動ける「自律型人材」が増えていきます。教わる側が「どうすればよいですか」と聞くと、答えをくれないかわりにヒントをくれたり、なんなら「知らない」と言うだけでヒントすらくれないこともある。あとは自分で考えてやるしかない。それが習慣化した結果、自分で考えて動き続けられる**「自律自走型の人材」**が育まれることになるのです。個人的には、こっちのタイプの教え方に興味があります(難易度は高いけど)。

「自律自走型の人材」と書いたところで、「自律と自走ってどう違うのだろう」と思って調べてみました。ついでに「自律」と似ている「自立」も調べたら、こんな感じでした。

- **自立……(主に経済的・社会的に)自分の力でやっていくこと。対義語は依存、従属。**
- **自律……自分で規範・ルールを決めながら、うまくやっていくこと。対義語は他律。**

・自走……他の動力によらず、自分の動力で走れること。

なるほど。いわゆる「自分で考えて動ける」というのが自律で、さらに「自分で考えて動き〝続けられる〟」のが自律自走っぽいです。また、「自立」の対義語として「依存」が出てきましたが、「答えをくれる指導者がいなくなると成長が止まる」のは自立できていないことになりそうです。

とすると、指導する側にとって「自律自走型の人材を育む」とは、教わる側に対して、

・こちらに依存・従属させることなく、自らうまくいくための方法やルールを編み出せるようになってもらうこと

・動力となるエネルギーも自分で調達できるようになってもらうこと

になります（相当レベルが高そう）。そこで、どうすればそんなことができるのかをテーマに考えてみようというのが本書です。

たまたまのなりゆきで筆者が「教える仕事」に就いたのが25年前。以来、「教えるという

こと」を実践・探究し続けていますが、まだまだ深さの奥底が知れません。ただ、大事なキーワードは見えてきました。それが**「お題設計アプローチ」**と**「学び合える場（実践コミュニティ）」「ファシリテーター型リーダーシップ」**の3つです。

「社員を自律型にさせるには何をしたらよいか」という間違った問い

このところ、「社員を自律型にさせるには何をしたらよいか」という問い合わせを受けることが増えています。これはなかなか答えるのがむずかしくて、そもそも「自律型にさせる」という表現が気になってしまいます。「〝自律型にさせられた人〟は自律と言えるのか。それって結局、他律なのでは」というギモンがわいてくるからです（理屈っぽすぎたらゴメンナサイ）。

また、「何をしたらよいか」という表現も引っかかります。質問者のニュアンスとして、「今の状態から何を〝足せば〟よいか」ととらえている場合が特にむずかしい。なぜなら、**人が自律的であることを阻むものを〝引いていく〟ことで自律性が回復される場合も少なくない**からです。すなわち、教えすぎ（指示しすぎ）な状態から引き算すること。ただ、**「引き算が上手な教え方」は、一見「何もしていない」と思われがちです。**足し算を期待している人に、それをうまく伝えるにはどうしたらよいのか……。

そんなことを考えていたときに、最高の教材に出合いました。大人気マンガ『アオアシ』です。

『アオアシ』はプロサッカークラブ「東京シティ・エスペリオンFC」のユース（高校年代の育成部門）が舞台で、主人公の青井葦人《あおいあしと》が荒削りな状態からユースに入り、試行錯誤しながらもグングン成長していくストーリー。その成長を促す主要人物がユース監督の福田達也《ふくだたつや》です。この福田の教え方がとにかく上手で、ヒントにあふれています。

ユースでアシトとチームメイトになる冨樫（ヤンキーキャラ）が、福田との出会いをアシトに語るシーンがあります。

（冨樫からアシトへの語り）「俺がエスペリオン入るきっかけになった――…昔話よ。小5ん時だ。プロになりたくて初めて受けたトレセン。町クラブの監督に無理矢理推薦状書いてもらって意気込んだが…。オレの家庭環境やら素行不良な面、いろいろ知れ渡っててよ。まともにプレーなんぞ見てもらえず、帰らされることになった。ガックリきてたところに…」

福田「オイ。お前、いいモン持ってるな。だがまだ粗い。繊細なボールタッチ身につけたら、もっとプレーの幅広がるぜ」

（冨樫語り）「それから、15分くらいだがその兄《あん》ちゃんがずっと見てくれてよ。しかも教えるのがクソうまい。ガキで頭悪い俺でもポンポン頭に入ってくる言葉を使う。……でも」

冨樫「なァおい兄《あん》ちゃん、時間ねえからさ、もっとハッキリこうしろって言ってくんねぇか!?」

（冨樫語り）「その兄《あん》ちゃん、アドバイスが全部答えの一歩手前で止まるんだ。俺は、焦ってそう言って答えを求めた。——すると」

福田「みなまで言わねえよ。手ほどきはしてやるが、答えは自分で見つけるもんだ。ハッキリこうと教えられるよりも、自分でつかんだ答えなら、一生忘れない」


このやりとりの後、冨樫は福田のアドバイスを自分なりにつなぎ合わせ、考えて考えて、練習をします。それが功を奏して、弱小サッカー部の所属にもかかわらず冨樫の存在は知られるようになり、福田がスカウトに訪れることになったのでした。まさに自律自走型人材が生み出されているストーリーです。そして福田監督のこの言葉。

「自分でつかんだ答えなら、一生忘れない」

俺がエスペリオン入るきっかけになった――……
昔話よ。
……え?
小5ん時だ。
プロに なりたくて初めて受けたトレセン。
町クラブの監督に無理矢理 推薦状書いてもらって意気込んだが…
オレの家庭環境やら素行不良な面、いろいろ知れ渡っててよ。
まともにプレーなんぞ見てもらえず、帰らされることになった。
ガックリきてたところに…
オイ。
お前、
いいモン持ってるな。
だがまだ粗い。
繊細なボールタッチ身につけたら、
もっとプレーの幅広がるぜ。

それから、
15分くらいだが
その兄《あん》ちゃんが
ずっと見て
くれてよ。
しかも教えるのが
クソうまい。
ガキで頭悪い俺でも
ポンポン頭に入ってくる
言葉を使う。
……でも、
なァおい
兄《あん》ちゃん、
時間ねえからさ、
もっとハッキリ
こうしろって
言ってくんねえか!?
―――すると、
みなまで
言わねえ
よ。
手ほどきは
してやるが、
答えは自分で
見つけるもん
だ。
その
兄《あん》ちゃん、
アドバイスが
全部答えの
一歩手前で
止まるんだ。
俺は、焦って
そう言って
答えを求めた。
ハッキリこうと
教えられる
よりも、

自分でつかんだ答えなら、
一生忘れない。
――それが、
当時エスペリオンJr.ユースの監督だった、
福田サンだった。
――それから俺は、
まァ中学じゃグレちまったが、
毎晩 族仲間とバカ騒ぎしたあとも、
練習は欠かさなかった。

この一言だけで、教え方フェチとしてはグッときてしまうわけですが、教える側としては「自分でつかんでもらうために何をどうしたら（何をどう引き算したら）よいのか」が問題です。しかも福田監督は、自律自走的な「個」だけでなく「組織」も育《はぐく》んでいきます。

そこで本書では、福田の言動を中心に、「このシーンでなぜこうしたのか」を観察していきます。**福田が「やったこと」に加えて、「おそらくこういうことをやらない選択をしたのではないか」も併せて考えます。**なぜなら、前述の通り「引き算が上手な教え方」は一見「何もしていない」ように思えるからです（やったことだけ見ても本質がわからない）。そのためにマンガの一コマ一コマを、ときには常軌を逸したゆっくりさでじっくり見ていきます。

- **「教える」とは、何をどうすることなのか。**
- **「自律自走型の個と組織を育む」には、何をすればよくて、何をしてはいけないのか。**
- **「指導される側」としては、なぜここでは成長できる気がしないのか。どうすれば成長できるのか。**

ここで朗報があります。なんと「個の育成」のヒントの多くが『アオアシ』の第1話に凝縮されているのです。そこで、まずは第1話の「アシトが福田と出会い、サッカーを教わるシーン（マンガ約30ページ分）」をまるまる掲載しながら観察を進めます。ですので『アオアシ』を読んだことがなくても心配ありません。「教えるということ」「自律自走する個と組織を育むこと」の深みにダイブしていきましょう。

目次

第1章

お題設計アプローチ「個の育成」編

教え方がうまい人は、何をしているのか。

特に、何をしているのかわかりにくい「答えを教えないタイプ」が何を考え、何をやっているのか（何をやっていないのか）を観察していくために、『アオアシ』第1話の約半分にあたる「アシトと福田の出会いシーン」をじっくり見ていきます。マンガを掲載していますので、『アオアシ』未読の方も既読の方もまずは読んでみてください（既読の方は思い出しがてら）。

中体連サッカーの愛媛県予選で、双海浜中学は（ワンマンな）ストライカー・アシトの得点で3点差を追いつきます。しかし、相手選手から挑発されたアシトが頭突きをしてレッドカード（退場）。結局、チームは負けてしまいました。その試合をたまたま見ていた福田が、アシトに声をかけます。（ではマンガ読みタイム、スタート！）

かれこれ
2時間、
この辺
何周する気だ
さっきから。
ハアッ
ハア
もぉ、
やめとけよ。
ハア
ハア
誰よ
アンタ。

ハッ
ハア
…走り終わるのを待ってたんだがキリがない。
試合であんな騒ぎ起こしてヤケになってるってとこか？
まあたいしたもんだ。
ハハハハ
今日ほかの選手の倍は走ってたのによくそれだけ体力が…
フラ…
おっと。

新入部員を紹介します。
青井葦人《アシト》君です。
ポジションは天才ＦＷ!!
点を取ることしかキョーミねぇ。
全盛期ロナウドの生まれ変わり、それが俺である！
ロナウド死んでないけど。
ボールはぜんぶ俺によこしてくれ！
ポカーン
そしたら俺がぜんぶ勝たせてやるけん!!
マルコ・ファン・バステンの生まれ変わり、それが俺である！
マルコ・ファン・バステン死んでないけど!!
あのねきみ…
あとそれとカントク！
俺に戦術は不要。
てゆーか俺が戦術！
そう、俺が戦術！
大切なことだから二度言った。

…ぷっ。
あははははははは!!
なんやコイツ
面白《おもしれ》ぇー!!!
漫画の主人公みたいなヤツ入ってきた!!
歓迎会してやらにゃあ!!!
すげえな! スケールでかいやん! ステキ!!
よっしゃ、今日ミニゲームやったな!!
わはは
はは
みんな試しにコイツにボール集めてみよーで!!!
俺は、嘘が言えん。
自信があるから自信があると言う。
やりたくないことはやりたくないとはっきり言う。
だからどのチームでものけ者だった。

でも、
あいつらが、
初めて俺を受け入れてくれた。
頭悪そうなやつらや。
サルにうまく芸仕込んだなぁオイ。
………

なんだ
俺…
ハハ…
寝てた
のか…
こんな
とこで…
ドッ
ドッ
ドッ
バッ

すげぇ。
なんやそれ…
すげぇ！
トラップしてから、
ボール持って走り出すまでがめちゃくちゃはえぇ…！
何者だよオッサン…
ちょっとした工夫だよ。
教えてやろうか？

お前に
この技術が
あれば、
ニヤ ニヤ ニヤ ニヤ ニヤ ニヤ
ワンマンFWの
性格に難が
あろうと
なかろうと、
ラクショーに
勝てて、
チームの
みんなも
ハッピー
だった
ろうな。
今日・・・
あと3点は・・・
取れてた。
ポン
やって
みろ。
子供の
忘れ物だ、
丁寧に扱えよ。
え
あ
チガイ
マース！

ボールにヘソを向けるな。
パスを受ける瞬間には、
チョイチョイ
すでに自分が走りたい方向にヘソが向いている。
ポン
自分の視野を確保するために、
ファーストタッチからすでに体をひねっている。
その流れで走り出す。
――これが…
ザワワ
お前にこの技術があれば、
今日あと3点は取れてた。
ゾン!!

「コントロールオリエンタード」っていう…
重要な技術の基礎になる、ファーストタッチの練習だ。
こっち来な。
ズ…
砂浜でよかった。
描けるから。
どこを狙っても百発百中で入るように。
トラップしたボールをすべてワンタッチで円に入れろ。
入れるだけじゃない。
この×が立ち位置な
円に落としたボールに・・・3歩以内で・・・さわれ。
これはファーストタッチの時点で狙う円に体が向いてないとできない。

…わかった。
じゃあ
オッサン、
ボールあげて
くれよ。
ヤダ。
めんどくさい。
フーやれやれ
課金ゲームでも
やろーっと
さっきの見てたろ。
10m先の壁に
ボール当てて、
跳ね返ってきたのを
トラップすんだよ。
じゃ、
やれ。
……キヨ、
…曲芸?
オウッオウッ
オウッ
マンガー
ウキャキャッ
キャキャッ
キャキャー

ボッ
はっ
はっ
はぁ
ハア
ハア
ハアッ

ヘッタだなあ――!!
もう何時だよオイ!
泊まるホテル、市内なんだよ。こっから遠いんだ。
あーこれチェックイン間に合うかなあーあーあ。
う、
うるせえ!!
誰も見ててくれなんて言ってねぇだろオッサン…
ハア
ハア
ハアッ
ハア
ちくしょう難しい!!
円に入れるだけならできるけど…3歩以内でそれにさわるってのが…!!無駄な動きが一切できねぇんだ!!!
しかも立ち位置の後ろの円なんて、
BACK
見えないとこに反転しながら落とすんだぞ…
ほ…本当にできんのかよこんなん!?

もういい。
タイムオーバーだ。
お前に細かい技術は無理のようだな。
ハァ
ハァッ
ハァ
…当てが外れたかな。
このレベルではさすがに厳しい。
――最後にいいか？
一つだけ質問に答えてくれよ。
ぜー
はー
ぜー
今日な、
お前のプレーで異様に目を見張る部分があったんだ。
ず・・・

これ
わかるか？
お前の退場間際の得点シーンだ。
1円がお前ら。10円が相手。
お前は ここで急に方向転換し、直後に落ちてきた敵の こぼれ球を拾い、
DF《ディフェンダー》二人の間から強引に撃ち得点した。
ごちゃごちゃうるせぇ…
お前、戦術に興味ないだろ？
自分が得点することしか考えずむやみやたらに走り回る…
味方の理解がないと難しい、荒くれ者のサッカーだ。
ところがだ。

お前はなぜか
ボールを拾う。
ああああ
くそ――
!!!!

試合中ずっとだ。
ありえない。
まるで吸いよせられるように、
考えのないお前にボールがいくんだよ。
なので、
お前一人でサッカーしてるように見える。
一人でサッカーしてる。
たしかにチームメートから全幅の信頼を得ているお前にはパスが集中する。
でもそれは、技術的につたないもので、
チャンスメイクのほとんどは、
尋常じゃない数の拾い球なんだよ。
自覚しているか?

集中してるんやけど!!!
しゃべらんといてくれるぅ!?
まあこわい。
ずかずかずか
て
お?
じゃらっ
じゃらっ
じゃらっ
じゃら
じゃらっ

最後の得点シーン!?
あん時は、
ゴール前だけ見たら たしかにオッサンの言う通りやけど、
自陣じゃ味方がこんなふうにバラけてた!!
みんな疲れてたからだ!
上がってもこれないし、守備陣もバラバラ!! 対して敵の布陣はちゃんと整ってた!
だからなんとなく、
このスペースにとどまってりゃ、
ざっ ざっ
俺はフリーで動けるし、
最悪カウンターにも対応できると思ったんだ!!
そこにボールが転がってきて、
得点につながった!!
さすが俺様ナイスプレーだ!!!
でも本当は、
すげー疲れてたのに、
必死にゴール前までボールをつないだ、
あいつらのおかげなんだ!!

なのに、
結局 最後は あんなことに…
なっち まって…

な、
なんだよオッサン…
き…
気《き》色《しょく》悪《わり》ぃ…

…どこ行くんだよ？
上のベンチ。
少し落ち着きたい。
東京から強行軍であんま寝てないんだ。
お前ももう帰れ。
全員…!!
ありえねえ！
あいつ、フィールドにいた全員を!!
22人全員の位置を覚えてやがった!!!

ワンッ
うおっ!?
ふらっ
ふらっ
げっ！
7月4日(金)
05:14
バックパッカーなみに寝ちまった…

ま、まさか…
起きたかオッサン!!
見ろ!!
ひと晩じゅう…!?
見ててくれ！
明け方くらいから、

バンバン入るようになったんだ!!
すげーやろ!?
くらっ
あれっ?
ハハハッ!
お前も十分気色悪い。
双海

東京シティ・エスペリオンFC、
ユース監督福田《ふくだ》達也《たつや》だ。

ゼッ
ゼッ
ゼッ

…ユ、
ユース…？
ユースは知ってるな？
Jリーグクラブ各々が持つ、
高校生年代の育成組織のことだ。
俺には野望がある。
俺の作り上げたクラブで、
世界への踏み台じゃない。
バルサもマドリーも、
マンチェスターも、
ミランも、
叩きつぶす。
世界を掌中に収める。
我がクラブこそが世界だと。

その野望のすべてを担うもの、
育成《ユース》だ。
入団試験《セレクション》を受けに来い。
10日後に東京でやる。
家に帰って家族とよく話せ。
Esperion
Tokyo City

世界へ、
連れていってやる。

アシトが福田にサッカー（コントロールオリエンタードというトラップ技）を教わるシーン、いかがでしたでしょうか？

このストーリーには、「教える」「自律自走型の個を育む」ためのヒントが凝縮されています。そこで、福田監督の言動を詳しく追っていきましょう。

お題設計アプローチ

「教え方」には大きく分けて「答えを教える派」と「答えを教えない派」の2種類があります。たとえばサッカーでキックを教えるとしましょう。「答えを教える派」はこんな感じです。

「軸足はボールの真横10センチくらいのところに踏み込んで、蹴り足はこう振りかぶって、足のこの部分でボールのこの辺りをミートし、フォロースルーはこうしなさい」

そうやってお手本を見せ、反復練習させて、「そこが違う。もっとこうして」とフィードバックしながら、言った通りにできるまで教え込むやり方です。多くの人が「そういうふうに物事を教わった経験がある」と感じるのではないでしょうか。これを**「伝統的アプローチ」**と呼ぶとしましょう。

もう一方の「答えを教えない派」は、まさに福田がアシトにやったようにお題を出します。キックの教え方であれば、こんな感じ。

「この場所から30メートル先のゴールにボールをノーバウンドで入れてください。ただし、ボールの軌道はまっすぐで、バックスピンがかかっていること」とか、「この場所から30メートル先のゴールにボールをノーバウンドで入れてください。ただし、途中に障害物（カベ）があるので、その上を通す軌道にすること」みたいな。

このように、手取り足取り教えるのではなく「お題」を与える教え方を本書では**「お題設計アプローチ」**と呼びます。

サッカーの例ばかりだとアレなので、一般的な仕事（ビジネスシーン）の例も挙げてみましょう。営業パーソンの技能トレーニングで、両アプローチの対比を2つほど。

①商品知識の教え方

・伝統的アプローチだと……商品マニュアルの暗記や講義形式の研修を実施し、定期的なテストで知識の定着度を確認する。

・お題設計アプローチだと……実際に商品を使用したり、顧客と対話する機会を設けた上で、「商品知識にまつわる以下の30個のキーワードをすべて使ってレポートを書いてください。

ただし、すべて顧客にとっての価値や意味を書き添えること」というお題を出す。

②コミュニケーションスキルの教え方

・伝統的アプローチだと……標準的な営業トークを暗記し、ロールプレイングで反復練習。上司が直接的にフィードバックを与え、改善点を指摘する。

・お題設計アプローチだと……いろんなタイプの顧客と対話する機会を設定し、「3ヵ月以内にお客さんから『あなたが担当でよかった。ありがとう』と言ってもらうこと。その際、『相手の話を聴く』ことを意識的にやってください」というお題を出す。

両者の区別、イメージできてきたでしょうか。この2つのアプローチには大きな違いがあります。「効果」と「見え方」について挙げてみましょう。

まず、効果の面。伝統的アプローチの場合、言われた通りできるようになったとしても、そのやり方（蹴り方）がその人にとって最適な方法かどうかはわかりません。なぜなら人によって骨格や筋肉のつき方、関節の柔らかさなどが違うので、教わった蹴り方がその人にとっての最適解とは限らないからです。

それに対して、お題設計アプローチの場合は、プレイヤーが試行錯誤をするうちに、だんだんうまくいくやり方がわかってきます。結果、最も成功確率が高くなるやり方が見つかったときには、自分にとっての最適解になっているわけです。これこそまさに「はじめに」で紹介した福田の言葉、

「みなまで言わねえよ。手ほどきはしてやるが、答えは自分で見つけるもんだ。ハッキリこうと教えられるよりも、**自分でつかんだ答えなら、一生忘れない**」

の真意といってよいのではないでしょうか。教わった答えは他人のもの、つかんだ答えは自分のもの。他人のものだと、すぐ忘れちゃうのです。

次に、見え方。まわりから見たときの「ちゃんと教えてる感」です。たとえば子どもをサッカー教室に通わせている保護者の立場から見たとしましょう。アシトが「じゃあ、ボールをあげてくれよ」と頼んだのに、福田が「ヤダ。めんどくさい」と言って、（お題はちゃんと出しつつも）自分は座って休んでいたらどう思うでしょう。おそらく、手取り足取り教え込んでくれる伝統的アプローチ型のコーチのほうが「ちゃんと教えてくれる」「熱心に指導してくれる」と感じやすいのではないでしょうか。逆に言うと、お題設計アプローチの指導者は「何もしていない」ように見えるのです。「ちゃんと教えてる感」の薄さ、これこそ、

効果の面で大きなメリットのあるお題設計アプローチがなかなか広まらない理由ではないかと思っています。教える側としては「自分が教えたから育った」と思える実感こそモチベーションになる側面があるわけです。もう一つの理由は、教え込むやり方（伝統的アプローチ）のほうが簡単にできるから。お題の設計はアタマを使う分、ちょっと（だいぶ）めんどくさいのです。

このような「手取り足取り教え込まないため何もしていないように見えるが、実はお題設計をちゃんとやっているスタイル」を**「何もしてない風」**と呼ぶことにします。

では、「何もしてない風のお題の出し方」とは何をどうしているのか、福田の流儀をも

「伝統的アプローチ」と「お題設計アプローチ」

	伝統的アプローチ	お題設計アプローチ
教え方	手取り足取り	お題を出す（制約デザイン）
教える内容	正解がある	正解はない（回答がある）
フィードバック	指導者がやる	指導者 or お題自体
効果①	最適解とは限らない	その人の最適解になる
効果②	すぐ忘れがち	一生忘れない
リーダーシップ	賢者風	愚者風（何もしてない風）
指導スタイル	ティーチャー	ファシリテーター
関係性づくり	優越的地位を示す	つかみ（興味をひく）
型のとらえ方	複製の型（たい焼き）	生成の型（武道）
量稽古	同じことの反復	繰り返しのない繰り返し
得意な環境	安定した環境	カオスな環境

う少し詳しく見ていきましょう。具体的には福田が「何をやっていて、何をやっていないのか」を、

（1）つかみ
（2）型の提示
（3）お題の提示
（4）回答への指南
（5）ふりかえりの問い

という5つの視点で考えてみます。

お題の出し方（1）――つかみ

なにかを教えるためには、まず相手にこちらの話を聞いてもらえる関係性をつくることが必要です。

多くの場合、最初に権力や優越的地位を示すことで、教わる側が言うことを聞く「上下の関係性」がつくられます。監督、コーチ、先生、役職者、上司、先輩、有資格者、上級者なのだから「私が教える立場にある、だから私の話を聞きなさい」というロジックです。そ

れに対して、福田は最後の最後で「東京シティ・エスペリオンFC、ユース監督 福田達也だ」と名乗りました。アシトがお題の基準をクリアしたことを確認したあとで、初めて自分の地位を示したわけです。

では、上下の関係を示さない代わりに福田は何をしたかというと――**「つかみ」すなわち「興味関心のアンテナを立てること」です。**

浜辺でボールを蹴る自分のプレーを見たアシトが「すげぇ。なんやそれ…すげぇ！　トラップしてから、ボール持って走り出すまでがめちゃくちゃはえぇ…！　何者だよオッサン…」と興味シンシンになったところで、「ちょっとした工夫だよ。教えてやろうか？　お前にこの技術があれば、今日あと3点は取れてた（ニヤ×15回）。ワンマンFWの性格に難があろうとなかろうと、ラクショーに勝てて、チームのみんなもハッピーだったろうな」という一言を放つわけです。

「つかみ」には2つの種類があります。「ベネフィットへの興味関心」と「ギャップ」です。

ベネフィットは利益という意味ですが、ここでは「学習者（教える相手）のハッピー」と定義しておきます。「これを学ぶと、あなたはこんなふうにハッピーになりますよ」というメッセージに相手が興味関心を持てば「つかみ」はオッケーです。その点、福田は「この技術があれば、今日あと3点取れてた。ラクショーに勝てて、チームのみんなもハッピーだったろうな」というベネフィットを「3点」という具体的な数字も入れたカタチで伝えています（うまい）。

というより、福田がベネフィットを話す以前に、アシトは興味シンシン状態になっています。その理由が「ギャップ」です。**ギャップとは、アタマの中に「?」マークを発生させること。**福田のプレーがうますぎることで、「すげぇ。なんやそれ…すげぇ！　何者だよオッサン…」とアシトに「?」マークが生まれています（すごい）。

つまり、福田は一瞬で「興味関心」と「ギャップ」の両方を盛り込んだふるまいをしているのです。というか、そもそも福田がすごいプレーを見せるだけで、アシトはベネフィット（自分がそれを学んだらうまくなってハッピーになれるイメージ）を感じているので、その時点ですでに「興味関心」と「ギャップ」の両方を満たしています。その上で、非言語的にプレーを見せるだけにとどまらず、言語化してベネフィットを伝えているのが福田の「つかみ力」の高さです。エスペリオンでは育成の方針として「言語化力」を重要なものと位置づけているのですが、まさに福田自身がそれを体現しているのがわかります（すばらしい）。

なお、この「つかみ」のハナシは、文脈を「教え方・育成」から「商売・マーケティング」に置き換えると「売れるキャッチコピー」のハナシになります。筆者はもともとそちらの畑で「人が興味のなかったものを買いたくなるとはどういうことか」を探究していたので、そのときにキャッチコピー講座として展開していた考え方が「教え方」にもそのまま通じるな、面白いなと思いながらこのパートを書いています（余談でした）。

もう一つ、別の角度から「つかむこと（アンテナを立てること）の効果」を考えてみましょう。とっかかりとして、逆に、福田の立場のA氏がアシトの立場のB氏に「つかまない」まま進めた場合にどうなったかを想像してみます（以下、妄想……）。

A氏「私は東京シティ・エスペリオンFC、ユース監督だ。おまえに教えを進ぜよう！」
B氏「ひええ。そんな方がなぜ俺に⁉　よ、よろしくお願いします……（ガチガチ）」
A氏「おまえはコントロールオリエンタードを学びなさい。やり方を教えよう。こうこうこうするのだ！」
B氏「ムズカしくて全然うまくできない……。なんか思ってたのと違ってるし、飽きちゃった。シュートを教えてほしかったんですけど」
A氏「おまえはダメなヤツだ。やる気がないなら、もう教えないぞ！」

やや極端ではありますが、こんな感じのこと、いろんなところで起こっている気がします。お題を出すというアプローチは、教わる側からすると試行錯誤の労力や時間がかかるので、めんどくさいわけです（コスパ、タイパがわるい）。その「めんどくささ」のハードルを越えて学びを得てもらうためには、学習者の側に「お題をやる動機」がなければいけません。それやる理由が権力や優越的地位をベースにした強制力だけだと「やらされ感」が出ます。それだと学びの熱量も吸収率も低くなるので、すぐ飽きたり、あきらめたりします。結果、成長しない。そのため、ちゃんとやらない者には罰を与えることで強制力を持たせたりします（結局、イヤイヤやる状態）。

そうならないために重要なのが**「興味関心のアンテナを立てる」**ことなのです。

プロの料理人が食事をつくっても、おなかが空いてない人は食べないのと同じです。まずは「おなかペコペコ」になってもらい（おなペコと呼びます）、「食べたい！」という食欲アンテナを立ててもらう。つまり「学びたい！」という学習欲のアンテナが立った状態で教えるからこそ、伝わりやすくなるのです。

福田はアシトにボールを渡して、こう言いました。「やってみろ。子どもの忘れ物だ、丁寧に扱えよ」。そしてアシトのトラップを見て「チガイマース！　ボールにヘソを向けるな。パスを受ける瞬間には、すでに自分が走りたい方向にヘソが向いている」と言い、「チョイチョイ」と手招きをしてボールをよこすように促します。この時点では、まだアシトのアタマの中は「?」マークの状態です。アシトからのパスをトラップして見せながら、福田が「自分の視野を確保するために、ファーストタッチから、すでに体をひねっている。その流れで走り出す。――これが…」と言ったところで、アシトが「ザシッ」と砂浜に飛び降りてきました。この瞬間が「学びのアンテナ」が立ったタイミングです。それを確認した上で、福田はアシトに本格的なお題を出していきます。**逆に言えば、アンテナが立っていないうちにお題を出すことはしないのです**（ここ、めっちゃ大事。テストに出ます）。

お題の出し方（2）――型の提示

自律自走型の人を育むお題の要素として「型の提示」があります。

そう言うと、「型通りにできるよう指導するのは伝統的アプローチなのでは?」と思う人が少なくないかもしれません。そこでまず「型とは何か」を考えてみましょう。

型には2種類あります。**「たい焼きの型（複製の型）」**と**「武道の型（生成の型）」**です。どう違うのか。

たい焼きの型は「型にハメて同じものを複製する」ための型です。「型通り」という言葉そのままに、あらかじめ一定の形（一つの正解）が決まっています。品質が一定するメリットはありますが、逆に言えば「ほぼ同じもの」しか生み出されません。

武道の型は「動作に一定の視点や基準を与える」ものです。その視点や基準さえ押さえていれば、個々人が「自分なりの回答」を出して構いません（正解ではなく回答）。品質にバラツキは生じますが、生み出される（生成される）ものは多様になる。うまくいけば、指導者の想像を超えるプレーが生まれる可能性もあります。

多くの人は「型」というと「たい焼きの型」だと思いがちではないでしょうか。なんなら、武道を教えるときすら「たい焼きの型」として教えてしまっていないでしょうか。すなわち、お手本通りの動きからはみ出すと「そうじゃなくて、こう」と矯正《きょうせい》しちゃうわけです。

その点、福田は「生成の型」として型を提示します。「ボールにヘソを向けるな。パスを受ける瞬間には、すでに自分が走りたい方向にヘソが向いている。自分の視野を確保するために、ファーストタッチからすでに体をひねっている。その流れで走り出す」の部分が「コントロールオリエンタードの型」です。

ここで福田は「型の提示」をする際に、「自分の視野を確保するため」という目的を示しています。そもそも武道の型を編み出した人というのは、「こういう場合にどうすればよいか」を試行錯誤しまくった結果、「このポイントを押さえるのがキモだ」と発見したものを

「型」として体系化していったわけです。なので、型（生成の型）にはすべて意味や目的があります。意味や目的を理解せずに「型通り」にできるようになっても応用が効きません。それだとダメなので、目的を添えて型を提示しているのです。なお、目的を言わずに視点や基準だけを示す場合もあり得ます（まずやってみてから目的を伝えるほうが効果的な場合など）。

お題の出し方（3）——お題の提示

「コントロールオリエンタードの型」を示されつつ「チガイマース！」とダメ出しを受けたアシトは「ザシッ」と砂浜に飛び降りました。興味関心（学習欲）のアンテナが立ったことを確認した福田は、いよいよお題を提示します。砂浜に木の棒で円を描きながら、こう言いました。

「トラップしたボールをすべてワンタッチで円に入れろ。どこを狙っても百発百中で入るように。入れるだけじゃない。円に落としたボールに3歩以内でさわれ。これはファーストタッチの時点で狙う円に体が向いてないとできない」

これがお題設計アプローチのキモになる「お題の提示」です。

お題とは、「この型を使って、このタスク（課題）をしてください。ただし、この条件を満たすこと」という「問い」のことをいいます。

まずは福田のお題を詳しく見てみましょう。3つのパートに分かれます。**「①タスク（課題）」「②制約条件」「③型」**の3つです。

①「トラップしたボールをすべてワンタッチで円に入れろ。どこを狙っても百発百中で入るように」

これはお題の本体である**「タスク（課題）」**です。この場合は、そのタスクをクリアすればコントロールオリエンタードが習得できている、という設定になっています。「こう動いてください」と具体的な動き方を示すのではなく、「この状態になってください」という「理想（ゴール・目標・ありたい姿）」を示すカタチになっていて、その理想にたどり着くプロセスは自由なのがポイントです。

②「入れるだけじゃない。円に落としたボールに3歩以内でさわれ」

これが**「制約条件」**です。問いに回答するにあたって「ただし、この条件は満たすこと」という制約を示すことで、望ましい行動を引き出したり、望ましくない行動を選択肢からはずしたりするのが目的です。この「3歩」という制約条件を「2歩」にしたり「4歩」にしたりすることで、お題の難易度を変えることができます（難易度チューニングと呼びます）。なお、円の大きさも難易度チューニングのポイントです。さらに福田は、アシトからの「じゃあオッサン、ボールをあげてくれよ」というリクエストに対して「ヤダ。めんどくさい。さっきの見てたろ。10m先の壁にボールを当てて、跳ね返ってきたのをトラップすんだよ」と制約条件を追加します（難易度アップ）。この「制約条件をどうデザインするか」こそお題設計アプローチの根幹なので、のちほど詳しく扱います。

③「これはファーストタッチの時点で狙う円に体が向いてないとできない」

この部分は、前項の「コントロールオリエンタードの型」をシンプルな表現で提示しています。**「型」**とは、教える側が伝えたい「視点・価値基準」のことです。

ここまでを踏まえて、改めて「お題の構造」を整理してみましょう。お題の基本形は、こうなります。

「この型を使って、このタスク（課題）をしてください。ただし、この条件を満たすこと」

シンプルですよね。

お題の出し方（4）――回答への指南

お題を出したあとは、学習者が回答します。それに対して**フィードバックするのが「指南」です。**

まずは福田がどんなフィードバックをしているのか、見てみましょう。

「はっ　はっ　はぁ」と激しい息づかいのアシト。何度も何度もトライ&エラーを繰り返しているであろうアシトに福田はこう言いました。「ヘッタだなあ――!!　もう何時だよオイ!　泊まるホテル、市内なんだよ。こっから遠いんだ。あーこれチェックイン間に合うかなあー　あーあ」。それに対してアシトは、「う、うるせえ!!　誰も見ててくれなんて言ってねぇだろオッサン…」と返します。

これってなんか、ダメなフィードバックっぽくない？　そんなふうに思った人がいるかもしれませんが、それは伝統的アプローチの立場で考えているからではないでしょうか。手取り足取り教えるスタイルの場合、指導者が都度「ここはよい」とか「ここがダメ、もっとこうして」とフィードバックすることが大事です。それに比べて福田は長時間、おそらく黙って見ていただけ。しびれを切らして発したのが「ヘッタだなあ――!!」だったと推測できます（だいぶ溜まってる感があるので、ずっと黙ってたっぽいなと）。では、なぜ黙って見ているだけでフィードバックしないのか。それは「お題自体がフィードバックを返してくれる」からです。

福田のお題は、アシトがやってみた瞬間、物理的に即時フィードバックが返ってきます。すなわち、**できたかできなかったかが自分でわかる。**実際、福田が何もしていなくても、アシトはこう内省しています。

「ちくしょう難しい!!　円に入れるだけならできるけど…3歩以内でそれにさわるってのが…!!　無駄な動きが一切できねぇんだ!!!　しかも立ち位置の後ろの円なんて、見えないとこに反転しながら落とすんだぞ…　ほ…本当にできんのかよ こんなん!?」

福田がお題を出すだけで何も教えなくても、アシトがお題自体から気づきを得られているのがわかります。**このように「よいお題」を設計できるようになると、すべて自分で教え込む必要はなくなり、一度に大人数の指導（個の育成）が可能になるのです。この点も、手取り足取りの伝統的アプローチとの大きな違いといえます。**

お題の出し方（5）――ふりかえりの問い

教え上手は「ふりかえり」の発問がうまいです。

福田は、お題をクリアできないアシトに対して「このレベルではさすがに厳しい」と判断し、「最後にいいか？　一つだけ質問に答えてくれよ。今日な、お前のプレーで異様に目を見張る部分があったんだ」と言います。10円玉と1円玉を並べてアシトの得点シーンを再現しながら、アシトが尋常じゃないほどボールを拾う理由を問いました。それに対してアシトがキレ気味に福田の財布を奪い、小銭を取り出して追加しながら得点シーンのときの思考プロセスを説明します。その結果、フィールドにいた22人全員の位置を再現したことで福田は衝撃を受けることになるわけです。

このシーンで福田がやったことのうち注目なのは、小銭を置いたこと。得点シーンの状況を目に見えるカタチで再現したことで、アシトは「自分が見えていたもの」をアウトプットしやすくなっているからです。もし福田が口頭だけで問うていたらどうなったかを想像してみると、おそらくアシトが22人全員の位置を説明することはなく、福田がアシトの俯瞰の才能を見出すこともなかったでしょう（あやうくここで物語が終わるとこでした）。

すなわち福田は、アシトが一つひとつの判断や行動に至った「思考プロセス（アタマの中）」をうまく引き出せているわけです。このように**「学習者が自分の思考回路を言語化で**

きるように支援する」ことができれば、学びの取れ高が大きくなるので成長スピードが加速します。「何もしてない風」の教え上手は、**教えるのではなく問うのです。**

ここまで5つの視点で「何もしてない風のお題の出し方」とは何をどうしているのかを考えてきました。福田が「何をやっていて、何をやっていないのか」、徐々に見えてきたのではないでしょうか。続いては、福田のお題に含まれる「ある重要なポイント」について着目します。

同じことの反復練習はしない「変動学習」

手本を示して、反復練習させる。

伝統的アプローチの基本形です。この教え方のメリットは、決まった正解があって、かつ固定した環境でその動きや技能を発揮すればよい場合、学習効率がよくなる点です。

逆にいうと、変化する環境では問題が起こってしまいます。静止したボールでインサイドキックの反復練習をするとしましょう。うまく蹴れるようになったとしても、実際のゲームでは静止していないボールを蹴るほうが多い。静止していないどころか、ボールのスピード、バウンドの高さ、かかっている回転も違えば、相手や味方のポジションをはじめ状況次第でそれぞれ最適な蹴り方は変わってきます。

スポーツでなくても同じです。営業パーソンがセールストークを台本通りに話せるよう練習したとしても、実際のお客さんは多種多様。そのまま台本を読み上げるような対応では通用しません。

つまり、実際の状況は「毎回毎回ちょっとずつ違う」のです。まったく同じ状況は二度とないのに、「たい焼き（複製）の型」を教えて同じことを繰り返す練習をしても、使い物にならないわけです。

また、反復練習にはもう一つ大きな問題があります。人は同じ刺激に3回くらいで慣れるので、気づきや学びが得られなくなってしまうのです。たとえば後ろから肩をトントンされて、びっくりしたとします。でも、続けて2回、3回とトントンされたら、もう刺激は感じなくなっちゃう。単純な繰り返しだと脳が慣れて「重要な入力」として扱わなくなる（スルーする）ので、ただやっているだけになり、練習中の気づきや創意工夫が生まれなくなってしまうのです。しかも、単純な繰り返しは飽きやすいため、長続きもしにくくなります。

すなわち、反復練習だと「変動する環境への適応力」も「創造性」も「継続的な動機」も養われないのです。なので、変化の激しい環境においては、反復練習とは逆の「変動学習」、つまり複雑で多様な状況下でいかに安定的なパフォーマンスを出せるかが重要になります。

「量稽古」という言葉を反復練習と同じ意味にとらえている人が少なからずいますが、「変動学習」の意味で使うのがよいと考えています。

では、変動学習にはどんな具体例があるのかというと……、福田がアシトにお題を出した場所を思い出してもらってよいでしょうか。

そう、砂浜です。

固くて平らな土のグラウンドや体育館の床とは違って、砂浜は毎回毎回ちょっとずつ違います。足場の状況にしても、姿勢にしても、ボールのバウンドにしてもバリエーションが豊か。しかも「10m先の壁にボールを当てて、跳ね返ってきたのをトラップすんだよ」という制約条件が加わったことで、変化量は激増しているはずです。そのすべての違いを含んだ上での試行錯誤を乗り越えたときには、変化が激しく多様で複雑な状況でも、安定したパフォーマンスが出せるようになるわけです（福田のお題、おそるべし！）。このような設計を**「繰り返しのない繰り返し」**と呼びます。

なお、さらに変動学習のバリエーションを増やす方法としては、

・ボールのサイズを変える（例　テニスボール）
・ボールの形を変える（例　ラグビーボール）

・ボールの材質を変える　（例　ゴム製のボール）
・フィールドを変える　（例　でこぼこのストリート）
・靴を変える　（例　はだし）
などが考えられます。

ビジネス（営業コミュニケーション）でいえば、
・お客さんを変える（例　規模、業種、業態／性別、年齢、役職／性格など）
・売り物を変える（例　高価、安価／有形、無形／単品、サブスクなど）
・価格を変える（例　値下げ率／値下げなし）
・時間を変える（例　商談の長さ）
・ツールを変える（例　対面、ビデオ通話、音声通話、チャット、メールなど）
・場所を変える（例　ホーム、アウェイ、どちらでもない場所）
などなど、変動させられるポイントはたくさんあります。

このように**「お題設計アプローチ」は、ありとあらゆる制約条件を変動的に設定し、学習者に最適なプレーを探索してもらうことによって動きや技能の本質をつかむことを目指す**のです。その点で、お題設計アプローチの指導者は**「制約条件のデザイナー」**といえます。

第2章

チームの成長ステージ

第1章ではお題設計アプローチによる「個の育成」を考えてきました。この先は「組織の育成」へと進みたいのですが、その前提として、そもそも「自律自走型の組織（チーム）」をどうとらえるかについて本章でみていきましょう（一旦、お題設計アプローチから離れます）。

「個か組織か」から「個を活かす組織」へ

「組織」や「チーム」について考えるときは、ジグソーパズルにたとえてみると気づきが多くなると思っています。なので、まずはそんなハナシから。


白一色に塗られたジグソーパズルが2つあるとします。

一つは、よく見かける「凸凹が組み合わさったタイプ」。

もう一つは、「正方形が並んでいるタイプ」。

どっちがお好みでしょうか？

ジグソーパズルが正方形だったら簡単すぎるので選ぶ人はいないと思うんですけど、もし「組織」だったらどっちがお好みでしょう？

「個か組織か」という問いがあります。

「個より組織が優先だ」という考え方は、「正方形が並んでいるタイプ」のジグソーパズルに似ています。標準的な仕事をミスなくやるために凹を埋めるよう訓練し、属人的な仕事をなくすために凸を削るので、ピースの交換が容易になります。きれいに並べるのも簡単です。ただ、変化には弱く、机が少し揺れたらすぐ崩れてしまうので、それを防ぐには外枠でガッチリ囲う必要があります。

これに対して**「組織より個が優先だ」**という考え方は、なるべく大きなサイズのピースを集めてこようとするイメージ。圧倒的な個の力で突破しようとするわけですが、大きいピースばかりでメンバーを組めず、サイズがバラバラになるとうまくいきにくくなります。ジグソーパズルで、ピースが一つだけ大きいものって見たことないですよね。凸凹が組み合わさらないので、大きなピースに他のメンバーが依存するカタチになりがちです。アマチュアのサッカーチームにメッシ選手が入団してきたら、ボールはすべて「メッシさんどうぞ」となる感じ。なので、仮にパフォーマンスが出たとしても、自律自走型ではなく依存型の組織に過ぎないことになります。

その両者と違って「凸凹が組み合わさったタイプ」のジグソーパズルが**「個を活かす組**

織」のイメージです。ちゃんと組み合わさっていれば変化には強く、机が揺れても崩れないので外枠で固めなくても大丈夫です。ただ、実際に「凸凹が組み合わさった組織」をつくるのは簡単ではないので、バラバラなまま終わってしまうことが多い。だから「個より組織優先」タイプや「組織より個優先」タイプのやり方を選ぶ人のほうが、短期的には結果を出しやすい傾向にあります。

といっても、「個より組織優先」タイプのように「正方形と外枠」という答えを示してメンバーをはめ込むスタイルだと、自分で考える習慣がつかず、変化に対応できなくなってしまう。「組織より個優先」タイプにしても、前述のように大きなピースに依存するカタチだと自律自走型にはなれない。一体どう

「個か組織か」から「個を活かす組織」へ

どっちのジグソーパズル(組織)がお好み?

正方形が並んでいるタイプ

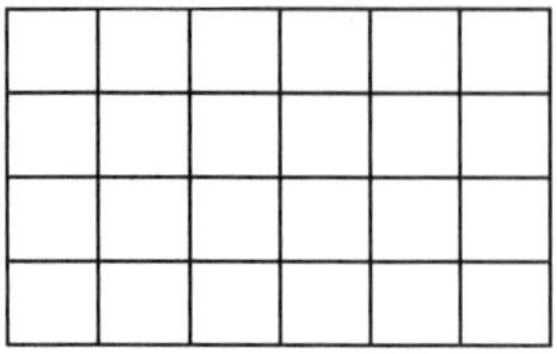

- きれいに並べるのが容易
- ピースの交換が容易
- 机が少し揺れたらすぐ崩れる
- 崩れないようにするためには外枠でガッチリ囲う

凸凹が組み合わさったタイプ

- 組み合わせるのが面倒
- ピースの交換が容易ではない
- 机が揺れても崩れない
- 外枠で固めなくても大丈夫

すればよいのか……これが「個か組織か」という問いの限界点です。

この点、サッカーの世界もビジネスの世界もトレンド的に「組織優先」の考え方が強いように見受けられます。でも、とりわけビジネスの世界において地殻変動並みの変化が起こり、盤石だった「会社という外枠」が崩れ出してきたため、「自分で考えて動ける自律型人材が重要だ」となっているわけです。

これからは「個か組織か」という2択で問いを立てるのではなく、「個を活かした組織をどうつくるか」という問いを持ち、腰を据えて、うまくいくまであきらめず試行錯誤を続ける姿勢が大事です。

『アオアシ』の福田監督のふるまいを観察す

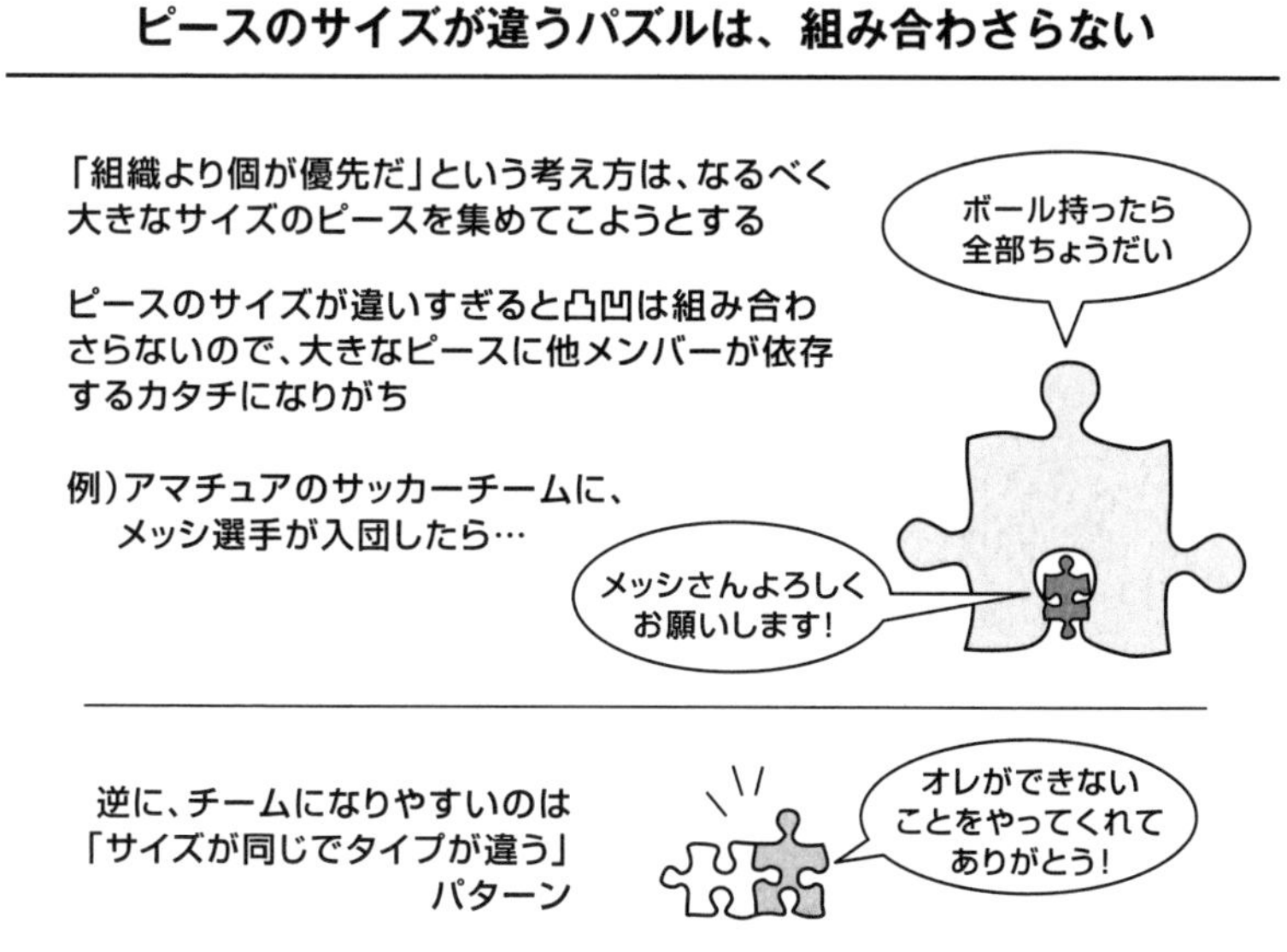
ピースのサイズが違うパズルは、組み合わさらない
「組織より個が優先だ」という考え方は、なるべく大きなサイズのピースを集めてこようとする
ピースのサイズが違いすぎると凸凹は組み合わさらないので、大きなピースに他メンバーが依存するカタチになりがち
例）アマチュアのサッカーチームに、メッシ選手が入団したら…
ボール持ったら全部ちょうだい
メッシさんよろしくお願いします!
逆に、チームになりやすいのは「サイズが同じでタイプが違う」パターン
オレができないことをやってくれてありがとう!

る際は、その視点があると学びが格段に多くなります。というわけで、「個を活かした組織（チーム）をどうつくるか」を考えていきましょう。

今いるメンバーで大金星を挙げる「チームの成長ステージ」

「チーム」と似た言葉に「グループ」があります。この2つは同じ意味でしょうか、違う意味でしょうか。とっかかりとして、「チーム」や「グループ」がつく言葉を思い浮かべてみます。

スポーツチーム、サッカーチーム、日本代表チームとは言いますが、スポーツグループ、サッカーグループ、日本代表グループとは言いません。チームワークとグループワークはどっちも言うけど、意味合いが違います。「チームワークがいい」とは言いますが、「グループワークがいい」とは言いません。「チームビルディング」とは言うけれど「グループビルディング」とは言わない。「仲良しグループ」という呼び方には「表面的に仲が良いだけでパフォーマンスは出ていない」みたいなネガティブな意味合いがある。ワールドカップの「グループリーグ」のなかには、4カ国の「チーム」が含まれている。

という感じで、暗黙のうちに言葉を使い分けているのが見えてきます。グループよりチームのほうがまとまっている状態を表わしているっぽい。ちなみにジグソーパズルでいえば、まだバラバラの状態がグループで、凸凹が組み合わさったのがチームのイメージです。

そこで、ここでは**「グループをチーム化する」ことをチームづくり（チームビルディング）と呼んでいきます。**

チームの成長プロセスは、イモムシがサナギになり、チョウになるイメージと似ています。それをそのまま3つのステージに分類しましょう。**イモムシが「グループ期」で、サナギが「カオス期」、チョウが「チーム期」です。**つまり「グループがカオスを経て、チームになる」というものの見方をします（次ページの図）。

イモムシは歩くことができます。サナギになると動けなくなってパフォーマンスが下がったように見えますが、いざチョウになるとイモムシより速く動けるようになるし、そもそも飛べるようになる。イモムシのときのベストパフォーマンスを100点とすると、チョウは100点を超えるパフォーマンスを発揮できるようになります。

格下が格上に勝つことを「ジャイアントキリング」とか「大金星」といいますが、ジャイアントキリングが起こるのは、格上がいろいろあってイモムシ状態で、格下がチョウになれているときです。どっちもイモムシなら「大きいイモムシ」のほうが足も長いし、逆転は起こらない。

では、それぞれのステージを詳しくみていきましょう。

①グループ期（他律と同調）

リーダーの「指示命令」で動くステージです。「日本代表監督が代わって初めての合宿」のような、メンバーが集まったばかりで行われるパターンが典型。お互いのことを知らない選手もいるし、これから何がどうなるのかもわからない。そういったとき、人は不安を抱いたり緊張したりします。

　ギモンや意見があっても、いきなり「こんなことやる意味あるんですか」などと言って「あの人、変わってるよね」「ヤバい人だ」とか思われたら嫌なので、とりあえずは空気を読み、遠慮して黙っておこうとしがちです

チームの成長ステージ「イモムシ・チョウ理論」

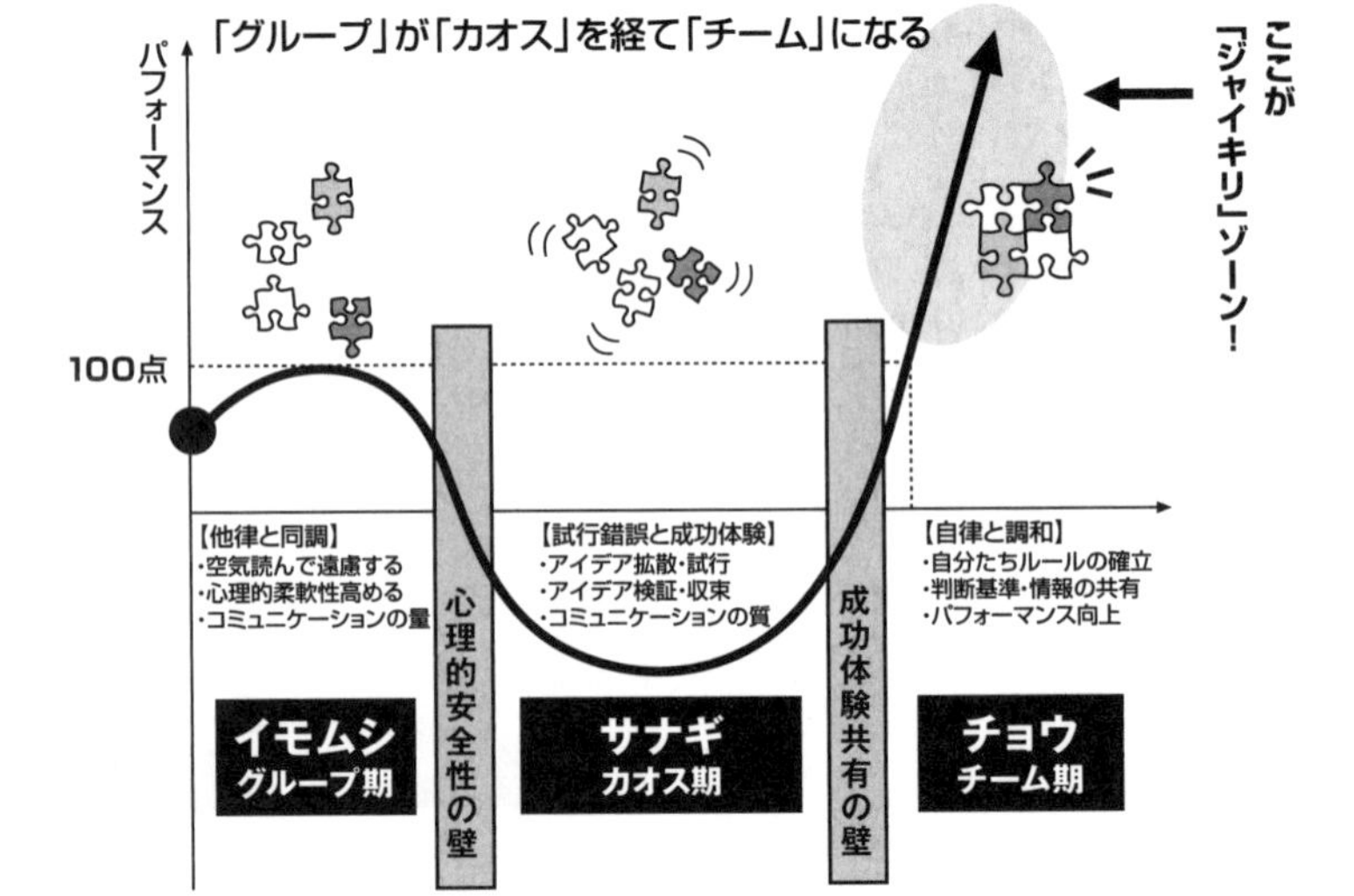

（同調）。役職の高い人や前でしゃべっている人（形式的リーダー）の話を聞いて、言われたことをやっておこう（他律）、という受け身の姿勢になりやすい。役職の上下が決まっていない場合は、よくしゃべって仕切ろうとする人や声の大きい人が影響力をもちます。メンバーはそれぞれサボっているわけではなくても、バラバラにがんばっているままだとあまりパフォーマンスは上がりません。**他律と同調、これが「グループ期」の特徴です。**

そこからコミュニケーションの量が増え、お互いの「人となり」がわかり始めて、「このメンバーなら、ここまで言っても大丈夫そうだ」というライン（心理的安全性）が見えてくると、次のステージに進むきっかけになります。お互い、心理的にガッチガチではなく、ほぐれた状態（心理的柔軟性）になれるかどうかがポイントです。すなわち、ここでいうコミュニケーションの内容は、建設的に対話できるようになるためのものであり、単に雑談を増やせばよいわけではありません。

②カオス期（試行錯誤と成功体験）

「ここまで言っても大丈夫。みんな受け取ってくれる」という心理的安全性が育まれると、みんなが意見を出し始めます（アイデア拡散）。分かれ道で「右に行こう」という人と「左のほうがよい」という人が現れるような、バッティングするアイデアも出てくるので、「どうする、どうする？」とみんなで試行錯誤しながら、うまくいったアイデアに絞り込んでいきます（アイデア収束）。自分の意見や回答を場に出すことで、メンバーにとって「他人ごと」だった課題が「自分ごと化」していきます。

いま、さらっと書きましたが、大事なのでもう一度繰り返します。**自分の意見（回答）を場に出すことで、メンバーにとって「他人ごと」だった課題が「自分ごと化」していくのです。**ここがカオス期の本質的意義だといっても過言ではありません。

こうして「わちゃわちゃ（試行錯誤と小さな成功体験）」を繰り返しながら、グループがチームに「変態」していきます。ここで大事なのが「コミュニケーションの質」です。では「質」とは何かというと、アイデア拡散期にどれくらいよい選択肢を出せたか、そしてアイデア収束期に「どういう価値基準で選ぶか」につきどれくらいよい対話ができたか、です。そのコミュニケーションの質がチーム期のパフォーマンスに大きく影響します。ポイントは「成功体験の共有」です。メンバーみんなが成功体験を共有できている状態になると、次の「自分たちルール」が生まれるステージに進めるようになります。

③チーム期（自律と調和）

小さな成功体験を繰り返しながら、「自分たちはこういう約束事で動くとうまくいくよね」という共有が進むことで「自分たちルール（自律）」が定まっていくのが、チーム期です。

自分たちのパフォーマンスが上がるやり方が暗黙のうちにだんだん形になっていき、それを言語化すると形式知化されたルールや規範（共通言語）になります。「各メンバーの強みを活かした役割分担」も「自分たちルール」として決まっていきます。

お互いの凸凹がパズルのピースのようにぴったりとハマり、化学反応が起こって、真の調和、いわゆる「息が合った」状態になります。

サッカーの代表戦が終わったあとのインタビューなどで、「今日は日本らしいサッカーができました」という表現を聞くことがありますが、もし選手へ個別に「日本らしいサッカーってどんなサッカー？」と質問したときに、全員が同じことを答えられるのがチーム期の特徴です。もし、選手によって「組織が大事なんで」「やっぱり個の力が足りない」などバラバラなことを答えているようであれば、まだグループ期にとどまっていると考えられます。

こうしてグループがカオスを経て、チームになります。この「カオスを経て」が大きなポイントです。

ちなみに、イモムシがサナギになると、実際に内部がカオスになります。外側が殻で覆われると、酵素で体の組織が溶けてドロドロの状態になる（すごい）。そこからチョウになるための器官がつくられていきます。これって、グループ期に「心理的安全性」という殻ができるとわちゃわちゃ「試行錯誤」できるようになって、だんだん「自分たちルール」が形成されていく、という「チームの成長ステージ」と似ていると思うわけです（激似）。

この「チームの成長ステージ」を踏まえつつ、具体例として『アオアシ』のシーンをみていきましょう。アシトが入団を果たしたエスペリオンユース「Bチーム（2軍）」のチーム化プロセスを題材にします。まずは、グループ期においてどのように心理的安全性が育まれていったのかがテーマです。

なお、もしマンガ未読で「ネタバレされないうちにマンガを読んでみたい」と思った方は、今すぐこの本を閉じてマンガ（アニメ）のほうへどうぞ！笑

ひとまずはネタバレ防止のためにも（?）、「心理的安全性とは」というハナシから入ることにします（アオアシの事例はもう少ししてから）。

心理的安全性を育むためのキーワード「心理的柔軟性」

グーグルが社内でうまくいっているチームを研究していったところ、その共通点として、「恐れや不安なく、みんなが言いたいことを言い合える関係性がある」という結論にたどりつきました。それによって「心理的安全性」が組織づくりのキーワードとして注目されるようになっています（もともとの提唱者はハーバードビジネススクール教授のエイミー・エドモンドソン氏）。

自分が思っていることを恐れや不安なく言い合える状態が「心理的安全性」です。それがないとどうなるかというと、

- **「こんな意見を言って『ヤバいやつだ』とか『ジャマするなよ』と思われたら困るから、言うのをやめておこう」**
- **「こんな質問をして『仕事ができないやつだ』と思われたら困るから、わからないけど質問するのをやめておこう」**
- **「『そのやり方よりこっちのほうがよいのでは』と言ったら目の敵にされて仕事しにくくなったら困るから、言うのをやめておこう」**

みたいなことが起こります（そこら中で起こってますね）。

そんなわけで、思っていることを言っても評価を下げられない、非難・攻撃されない、自分の立場が危うくならない、と感じられる「恐れや不安のない状態」が心理的安全性です。

心理的安全性が育まれると、みんなが自分の意見を恐れず場に出せるようになるので、分かれ道で「右に行こうよ」「右より左のほうがいいんじゃない？」と両立しないアイデアが出てくるようになります。そこから「どうする？」「どっちがいい？」「とりあえず右から試してみる？」「うわ、右が行き止まりだったから左に行こう」など、自然とカオス期に移行していくわけです。

では、心理的安全性が育まれるにはどうしたらよいか……とハナシを進める前に「よくある誤解」に触れておきます。「心理的安全性」は、いわゆるバズワードになってしまったために言葉が一人歩きして、「波風立てずに仲良くやること」「平穏で安心できる状態」と誤解されがちです。みんなが右に行こうとしているときに「右じゃないと思う。その選択は自分たちらしくない」と本音を言うと、「いやいや、そんなこと言われたら心理的安全性がなくなるわー。波風立てずに仲良くやろうよ」みたいに使われるわけです。本来の意味と逆の「同調」や「ヌルさ」を表現する誤用パターンが広まっています。

そのような**誤解をなくすためには、心理的安全性という言葉に加えて「心理的柔軟性」という考え方をメンバー間で共有するのがオススメです。**誰かが何かを言ったときに、柔軟性をもって受け取れる姿勢があることを「心理的柔軟性」といいます。心理的柔軟性の考え方をつかむには、心理的柔軟性がない人をイメージするとわかりやすいです。たとえば、

- **自分が正しくて、相手が間違っていると思っている**
- **相手の視点・視野・視座がわからないし、わかろうとも思っていない**
- **状況が変化しても、習慣を変えられない**
- **過去の成功体験を「不変・普遍の正解」だと思っている**
- **「○○しなければならないから」「○○すべき」という表現をよく使う**
- **「でも」から話し始める**
- **「最近の若いヤツは……」と言う**
- **積み上げてきたもの（既得権益）を堅く守ろうとする**、などなど。

こういう人のことを「心理的ガッチガチ」と呼んでいます（身近な誰かの顔が思い浮かんだりしました？）。これを踏まえると「心理的安全性」とは、「自分が何か言っても、この人たちは心理的柔軟性をもって受け取ってくれる」と「お互いに思い合えている」状態といえます（双方向なのがポイント）。

もしそこに心理的ガッチガチな人が一人でも入ってきたら、自分が何かを言ったときにそのガッチガチな人がどうリアクションするかわからないので「言うのやめておこう」となる

わけです。平たく言うと、**誰か一人でも「心理的ガッチガチ」なメンバーがいると、心理的安全性は生まれません**（そのメンバーではチームになれない）。

この視点を持ちながら、アシトがエスペリオンに入った初期、Bチームで「心理的安全性が育まれていくプロセス」をみていきましょう（登場人物が多くなりますが時短モードでまとめます。ここはマンガで11巻まで追ってほしいところです。それぞれの感情の機微がよくわかりますので）。主な登場人物は、アシト、大友、橘、冨樫、黒田、朝利、竹島の1年生メンバー7人です。前提を整理すると……

エスペリオンBチーム（1年生）関係図

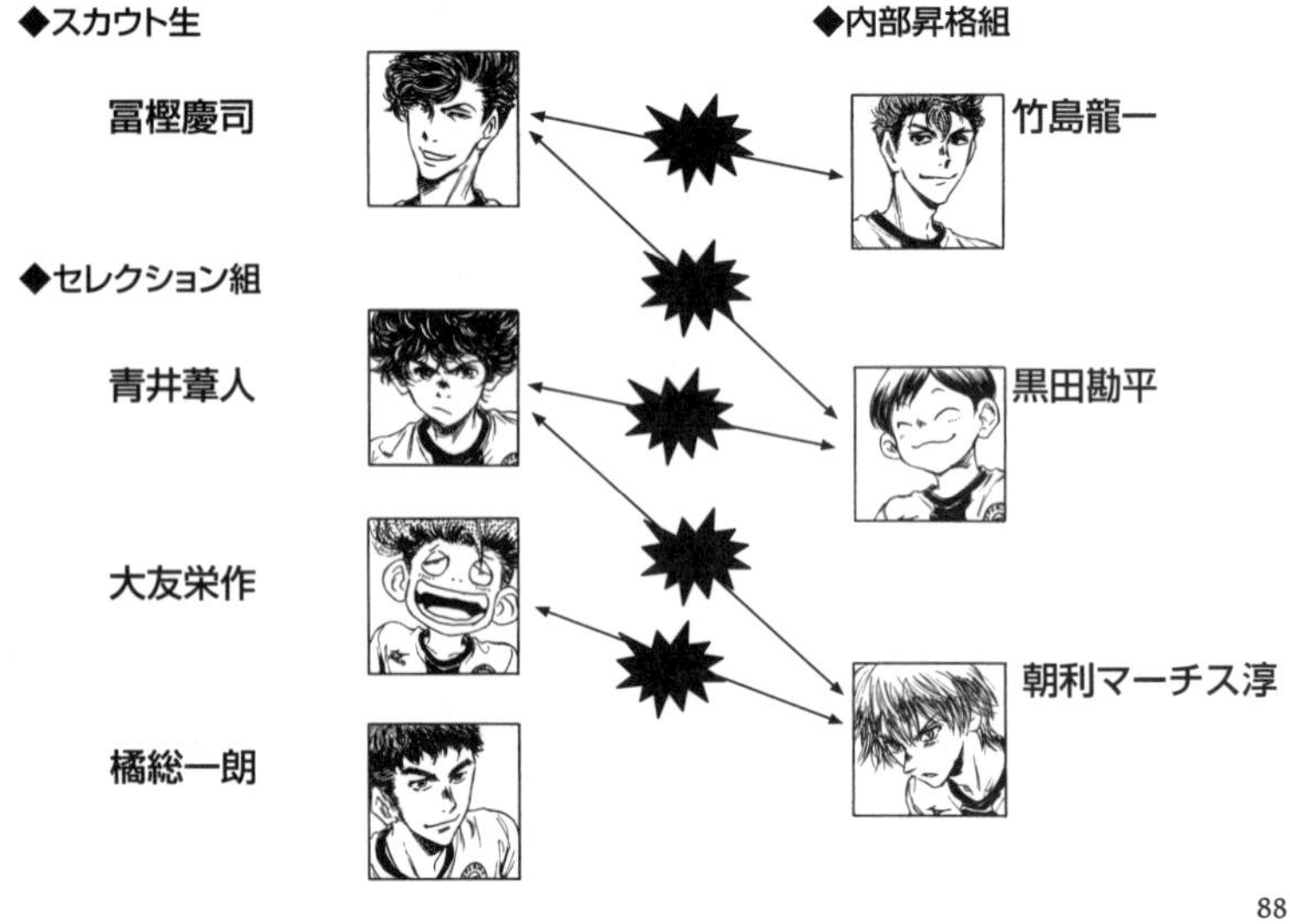

・「ジュニアユース（中学生年代）からの昇格組」が黒田、朝利、竹島
・「スカウト入団」が冨樫
・「セレクション組」がアシト、大友、橘

注目ポイントは、スカウト入団の冨樫が昇格組（黒田・竹島）とすでに関係性をこじらせていること。冨樫は小学生のとき、エスペリオンジュニアに練習生として参加、黒田や竹島とプレーしますが、「プロになるため（勝敗より自分がコーチに認められるか）」という価値基準を優先する姿に虫唾《むしず》が走る思いをしたことが元で、昇格生を毛嫌いするようになったのでした（9巻89話）。それがユース（高校年代）にてチームメイトになったわけです（不穏）。

さらに、セレクション組のアシト・大友と昇格組の黒田・朝利もまったく反りが合いません。Aチームとの「11人対21人」の対戦練習（詳しい内容は4章で扱います）でボロ負けするなか、「当たり前のことをやろう」と言ったアシトのプレーに、黒田と朝利が「当たり前のことがわかってない」と激怒します（当たり前のことがわかってない問題）。高校の入学式、同じクラスになった6人（橘を除く）が、アシトの「わからん！」という宣言（詳細は後述）をきっかけに「11人対21人」のふりかえり談義が始まりました。常に自分が点を取る

ことを前提にするアシトの自己中心的な考え方に、大きな違和感をもった朝利が「君が受かったせいで、ジュニアユースから昇格できなかった同期の奴らを思うと、腹が立ってきた」と言い、それに対して大友が「何言ってんだ、お前……？」と怒りをあらわにして、もみ合いのケンカに……（5巻46話）。

整理すると、バチバチなのは「冨樫 vs. 黒田・竹島」「アシト vs. 黒田・朝利」「大友 vs. 朝利」という構図です（ややこしい）。このように、（橘を除き）みんなそろって心理的ガッチガチな、心理的安全性のカケラもない状況から少しずつ変化が起こっていきます。

リーグ初戦で、アシトが同じ左サイドで縦ライン（左の図）を形成する黒田・朝利とトライアングル（3人での連携プレー）を成立させて、逆転勝利しました。ふりかえり談義のなかでアシトがまさかの「トライアングルの概念を知らなかった」ことが共有され、「当たり前のことがわかってない問題」が解消。アシトが2人に「俺にサッカーを教えてくれて、ありがとう！」と言います（素直）。

一方、その3人の和解を見た大友は、まだ朝利との確執があり心中複雑……。しかし、その試合の祝勝会（@焼き肉屋さん）で、朝利がアシト・大友に入学式の言動を詫びます。そ

TOKYO U-18 LEAGUE Division 1
VS 成京高校
FW
青井《あおい》葦人《あしと》㉝(1年)
FW
藤宮《ふじみや》姫央《きお》⑫(3年)
FW
橘《たちばな》 総一朗《そういちろう》㉘(1年)
MF
黒田《くろだ》勘平《かんぺい》㉖(1年)
MF
中村《なか・むら》 平《たいら》㉒(2年)
MF
大友《おおとも》栄作《えいさく》㊱(1年)
DF
朝利《あさり》 淳《じゅん》㉕(1年)
DF
長野《ながの》 樹《いつき》⑲(2年)
DF
冨樫《とがし》慶司《けいじ》㉛(1年)
DF
竹島《たけしま》龍一《りゅういち》㉗(1年)
GK
二階堂《にかいどう》貫次《かんじ》①(3年)
左サイドで縦ライン

こで（誰ともこじらせていない）橘が「本音をぶつけ合って成長していける。これこそが『仲間』ってものじゃないか」と言って、大友と朝利に握手を促しました（ちょっとほぐれた）。

黒田もアシトに、実は入学式の騒動の際、アシトの「得点にこだわるな!? そんなフォワード、その瞬間から死んでいくぞ!!」という言葉に感銘を受けたと伝えます。自分たち昇格生と違ってセオリーに塗られていないアシトから学ぶものが多そうだと思った、とも（冨樫を除いて全体がけっこうほぐれた。6巻56話）。

こうして、焼肉屋さんでのふりかえりトークによって、かなり心理的なしこりがほぐれます（みんなで建設的なふりかえりするの大事）。

ガッガッ
…にゅ…
…にゅ、
入学式の…
一件では…
こっ、こ…
こっ…
言葉が…
フー
すぎた。
気にしないで……くれ。
！
あー。
ジュニアユースから昇格できなかった、同期の奴らを思うと……

ガタッ
いや、俺のほうこそよぉ――……
気にしないでくれ。
俺は　その場にいなかったが…
こうも思った。
結果として絆《きずな》を深められるチャンスができたこと。
それ自体が朝利…
俺はすごく嬉しいよ！
そうやって本音をぶつけ合って成長していける。
これこそが、
「仲間」ってものじゃないかって！
ザッ
朝利…
レッツプレイフットボール。

今日から
また
一緒に…
頑張ろう
ぜ！
大友
お前もだ！
あんな最高の
アシストもらって
まだ礼も言って
ないだろ！
ほら、握手だ
握手！
バッ

そのほぐれたところに「アシトのディフェンダー転向」という一大事が発生。さらにメンバーの関係性が変化していきます。

まず、ディフェンスについてド素人のアシトに、ディフェンダーである冨樫と朝利が手引きをしました。しかし、アシトは紅白戦で守備の重要コンセプトである「絞る」が全然できていない、と同じくディフェンダーの竹島からダメ出しを食らい、守備がわからなすぎて「俺の性に合わねぇ…　何より全然、面白くねぇ!!」と悶々とします。

リーグ3戦目から4連敗と低迷するなか、点が取れず責任を感じて落ち込むフォワードの橘（生真面目タイプ）。一方、ロッカールームでは竹島が「守備陣に関しては、すべて最小失点で食い止めてる。しかも俺、冨樫となんて試合中、一言も話さないでもなんとかやってる。同じディフェンダーなのに。褒めてよ」とチームメイトに自慢げに言いました（※冨樫と竹島はバチバチ）。

しかし、その直後の多摩体育大学附属戦、冨樫と竹島が声をかけ合わなかったことであっさりともったいなさすぎる失点。試合後、2人は河原で殴り合いのケンカをします（バチバチがすぎる）。

8戦目の武蔵野戦。橘が、古巣との対戦を前にメンバーみんなに向かってこう言います。

俺の性《しょう》に合わねえ…
何より全然、
面白くねえ!!
「意味」なんてわからねえ。
こんなもん俺に、
できるわけがねえ!!!
くそオオオッッ!!

橘《たちばな》だけのせいじゃないが、
FW《フォワード》が点を取れなさすぎる。
…俺達 守備陣に関しちゃ、長野《ながの》さんと朝利《あさり》が抜けて厳しいところもあったけど…
すべて最少失点で食い止めてる。でしょ!?
しかも俺、
冨樫《とがし》となんて試合中 一言も話さないんスよ。
同じDFなのに。
6

それでもなんとかやってる。
褒《ほ》めてよ
…本当に、
すまない。
俺が、
点を取れないばかりに…
お前だけのせいじゃないって言ってるだろ?
橘。
前から言おうと思ってたが、橘。
お前、チームの責任をしょいこみすぎるぜ。
生真面目《きまじめ》すぎる。

7

橘「残って練習しないか⁉　望さんの武蔵野対策…これは数をこなすほど身につくものだ。

練習時間だけじゃ足りない。今から一緒にやろう！」

黒田「……オーバーワークだよ」

朝利「現金だなあ、橘。スタメンだからか？　古巣が相手ってこともあるんだろうが、君はリーグ戦で全く結果を残せてないじゃないか。なのに、みんなに居残り練習しろなんて、説得力がね」

（ビミョウな空気が流れる）

橘「――…そうだな。正直怖い。スタメンが決まってからほとんど寝られてない。調子悪い俺が古巣相手に惨めな思いするんじゃないかって、不安でたまらない」

朝利「…おい、それを口に出すのか？」

橘「だってしょうがない。それが俺なんだから。これが俺だ。弱い俺だけど、せめて…逃げることだけはしないと決めた。武蔵野に勝ちたい。望さんの期待に応えたい。俺一人では無理だ。力を貸してくれ」

竹島「お前、たぶん弱くないぜ。本当に弱い奴は、自分の弱いとこなんて言葉にしねーよ。

――俺も素直に言う。（略）この前、ヤツ（冨樫）と殴り合ってから、クソつまんねえ

……
そうだな。
正直怖い。
スタメンが決まってからほとんど寝られてない。
調子悪い俺が古巣相手に惨めな思いするんじゃないかって、
不安でたまらない。
…おい、それを口に出すのか?
だってしょうがない。
それが俺なんだから。
これが俺だ。
弱い俺だけどせめて…
逃げることだけはしないと決めた。

武蔵野に勝ちたい。
望さんの期待に応えたい。
俺一人では無力だ。力を貸してくれ。
お前、
たぶん弱くないぜ。

こと（冨樫と話さずして守ってる自慢）言ってた自分にも気付いた。（略）本当に俺ん中に、自覚もできねえ弱さがあるんなら、今すぐ吐き出したい。――つうわけで橘。お前の強さに乗ってやる。練習付き合うぜ」

こうして覚悟を決めた橘があえて弱さをさらしたことで、それを聞いた竹島も弱さをさらし、その場にいたみんなに心理的柔軟性が生まれます（かなりほぐれた！）。結果、みんなで居残り練習をしました。

そして武蔵野戦の試合直前、竹島が「悪い、みんな、こいつ（彼女）と10分だけいなくなる。すぐ戻るから」と言って消えます。戻ってくると、なんとボウズ頭に。「昔からよ、赤毛のリーゼントが気合い入れるのは丸刈りって相場決まってんのよ。似合う？　みんなが情けないツラしてっからだ。気合いを入れたかったのは、俺と、みんなにだよ」と率直に本心を語りました。竹島はまた、「居残り練習も悪くなかったな。口に出して教えながら、自分に言い聞かせてるような感じだった。みんなの考えもよく知れた。大事なんだな。ああいうのって…」という気づきも得ます（柔らかさアップ）。

試合の前半終了間際、黒田がミスを取り返そうと体を張って失点を防ぎますが、その勢いでゴールポストに頭をぶつけて負傷。冨樫は小学生時代の黒田たちが、勝つことよりもケガしないことを優先する姿勢を毛嫌いしていたので、そのプレーを見て驚きます。ハーフタイムのロッカールームで、それでもまだ黒田たちのことを受け入れようとせずツッパる冨樫に、望コーチが「お前はどうなんだ、冨樫？　黒田は腹をくくったぞ」と釘を刺します。それによって、つまらないプライドにこだわってガッチガチな自分に気づいた冨樫は、試合後半、黒田・竹島と言葉を交わして連携を取り出しました（ついに冨樫がほぐれた！）。まだお互いを嫌いつつも、実力は認め合っていることがわかり、心理的に柔らかさが増していきます（11巻109話）。お互いの考えていることが理解できるようになり、試合にも勝利したことで信頼関係が生まれます。ここは「チームになること」と「仲が良いこと」は別物だということが描かれている大注目ポイントです。**多くの人は「チームになるためには、仲良くしなければいけない」と誤解しす**

わかった、冨樫。
でも例外が一人…
ワーワー
金田だ。
あいつを止めねぇことには、この試合は勝てねぇ。
金田ん時だけは、
俺に預けろ竹島。
ああ、わかってる。
ワー
ピピッピッ
ワー
俺が必ず止める。
俺は、
テメエのことが大嫌いだ、冨樫。
一番ムカつくのは…
金田を止められるのは、冨樫…お前だけだろうって…
俺自身もわかってるところだ。

信じる。
お前を信じる。
ドッ

ぎています。しかし、仲良くなるのはカオス期を超えて信頼関係が生まれた結果なのであって、**まず仲良くなろうとすると、言いたいことが言いにくくなってグループ期にとどまりやすくなるのです**（ここテストに出ます）。

長めのストーリーをギュッとまとめてしまいましたが、以上がBチームに心理的安全性が育まれていくプロセスです。プレーを通じて小さな成功体験を重ねながら自分の価値観を言葉にして共有したり、橘を筆頭に弱さをさらけ出したりして、だんだん各メンバー間のこじらせた関係がほぐれていったことがわかります。

ここで強調したいのは、「こういう施策をやれば一発で集団の心理的安全性が確立する」という類《たぐい》のものではないことです。**心理的安全性というのは、誰かが何かを言ったりやったりしたときに周囲のみんながどうリアクションするかの積み重ねで、「これは言っても大丈夫なんだな」「これはNGなんだな」というラインが少しずつ共有されていくことで育まれます。**ちなみに本書で、心理的安全性が「育まれる」という表現をしているのは、「いきなり発生したり確立したりするわけではない」という意味合いを含んでいるからです。

そして残念なことに、多くの集団では心理的安全性が育まれないまま、時間が経過していってしまいます（悲しい）。

「意見が合わない」とはどういうことか

そもそも、集団がうまくいかなくなる原因として最も多いのは、心理的安全性が育まれていないグループ期で「対立・衝突」が起こり、感情的にもつれてコミュニケーション不全に陥るパターンではないでしょうか。典型的なのが、Aさんが「よかれと思ってやったこと」に対して、Bさんが「なんでそんなことやったんだよ！」と怒るパターン。「よかれと思ってやったこと」を一方的に批判されたAさんは、「この人に対しては二度と自発的に動くまい」と決意を固めるわけです。こうして「自発的に行動する人」は減っていきます。

思うに、**多くの人は「よかれと思ってやっている」ので、そうやってこじらせた関係がどんどん増えていって組織がうまくいかなくなるのはすごくもったいない。**そこで、「意見が合わない」場合にどうしたらよいのかを考えてみましょう。まず前提として「人が意見を持つ」すなわち「人が判断するとはどういうことなのか」を整理しておきます。

左の図の中央にある円柱が「人」だと思ってください。

情報A、B、Cといろんな情報が、円柱に入ってきます（入力情報）。円柱の内部は、いろんな価値基準が合わさった計算式（関数）になっていて、入力情報を処理します。その計算結果として出力されるのが「判断」です。平たく言うと、「ラーメンが好き」という価値基準の人に「A：ラーメン　B：そば　C：うどん」を入力すると、「Aのラーメンを食べよう」という判断がなされるわけです（すごくふつうのことを言っていますね笑）。

これを次のように表わすとします。「判断の公式」です。

判断　＝　価値基準　×　入力情報

というわけで、「人間は判断する関数」です。この関数の計算式が他者から見て不明なとき、「あの人は何を考えているかわからな

人間は「判断する関数」である

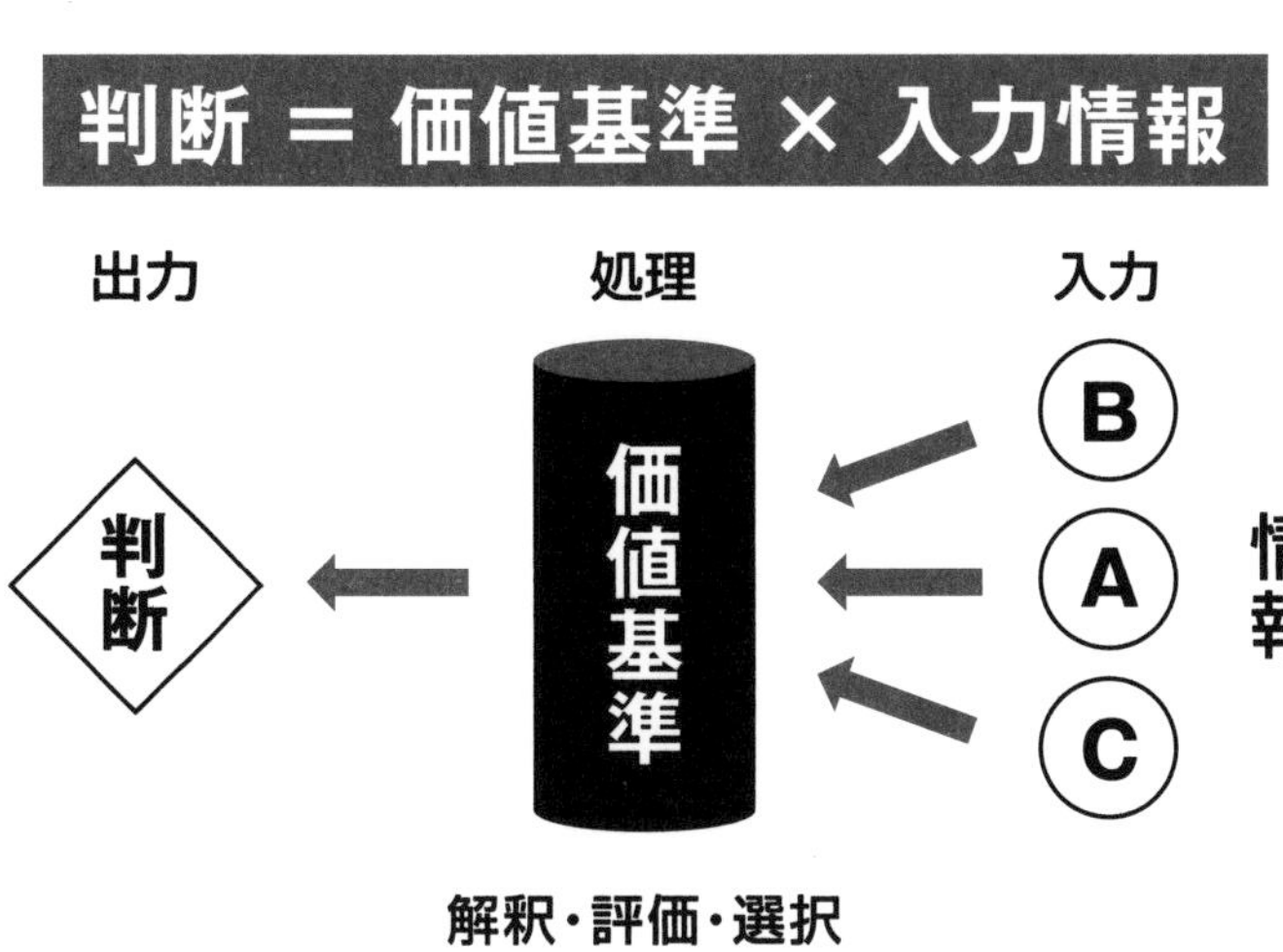

い」とか「あの人の判断はブラックボックスだ」などと言ったりします。

心理的に柔軟でいるコツは、この「意見が合わない」という状況のとらえ方にあります。

では、「意見が合わない」場合にはどうしたらよいのでしょうか。人と意見（判断）が合わないとき、「あの人とは価値観が合わない」と言ったりします。でも「判断＝価値基準×入力情報」にあてはめて考えてみると、意見が合わない状態にも次の3パターンがあります。

①入力情報（見えているもの）はそろっているけど、価値基準が違う
②価値基準はそろっているけど、入力情報（見えているもの）が違う
③両方とも違う

なので、意見が合わないからといって「価値観（価値基準）が合わない」とは限らないわけです。②の場合は価値基準がそろっているので。

ただ、ほとんどの場合は両方ズレている③のケースが多いと思われます。では、そこからどのように対話を進めたらよいでしょうか。多くの人は、意見が合わない場合に「自分が正しくて相手が間違っている」と思いがちです。そうすると「こっちは正しいから一歩も譲らないぞ」と心理的ガッチガチになってしまいます。

しかし実際のところ、人は皆、自分が見えているもの（入力情報）を、自分の価値基準に照らして判断しています（判断＝価値基準×入力情報）。**「自分が正しくて相手が間違っている」のではなく、「どちらも正しくて、お互いの正しさの〝間が違う〟だけ」**。

そのように「間違い」をとらえてみると、相手に対して「私の価値基準と入力情報はこれなんですが、あなたのも聞かせてください」と、対話によって〝間〟をチューニングする姿勢を取りやすくなります。そうやって柔軟にすり合わせをして、ちょうどよい「間合い」を探っていくわけです。

クルマでいえば、心理的ガッチガチはギアを「パーキング」に入れた状態で、心理的柔軟性はギアを「ニュートラル」に入れた状態

意見が合わないとき

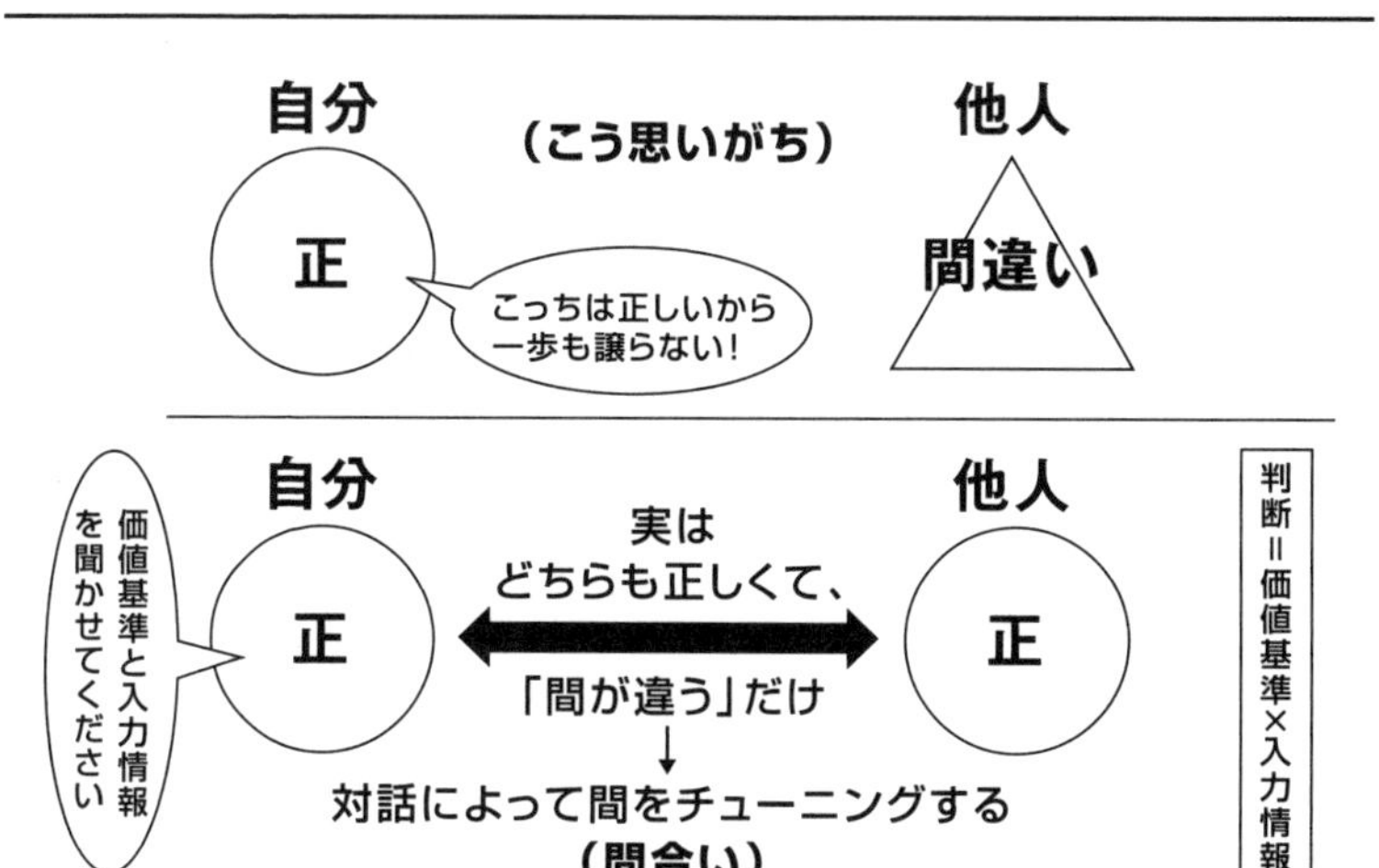

間を合わせるには、双方がギアを「パーキング」ではなく「ニュートラル」に入れる

です。**双方が「パーキング」だと、間のチューニングはできません。双方が「ニュートラル」で対話するからこそ、互いに相手の話に合わせて間合いをチューニングできるわけです。**

なので、意見が違う場合は、結論（判断）だけを言い合うのではなく、思考プロセスとしての「価値基準×入力情報」を共有する。算数のテストで「答えだけではなく、途中の計算式も書きなさい」ってありましたよね。あれが思考プロセスです。途中の計算式を書くと、答えが違っていても、「途中ここまでは合ってるね」というのがわかります。また「そちらにはそんな入力情報が見えていたのですか。だったら、たしかにそう判断するのは納得ですね」のようなすり合わせも生まれやすくなるわけです。そこで、さらに詳しく「異なる意見のすり合わせ方」について考えてみましょう。

意見のすり合わせ（グループでのふりかえり）の作法

アシトは、黒田から「当たり前のことが何かもわかってないじゃないか、君は…!!」と怒られ、10日間考えた後、教室で黒田・朝利らにこう言います（5巻45話）。

……
わからん！
青井 葦人

「わからん！　やっぱわからんていうことがわかった！　俺ァよ、アホだから、人が何を考えてるかとか、言われねえとわかんねえ。言われねえならそれは大したことじゃねえ、そうやって今日までやってきた！　…俺が考えを汲めんかった、それはわかる（略）何で昇格生と仲良くやれてねえのかもわかんねえ。わかんねえなら仕方ねえ。代わりに俺のことを話す！　――まず11対21！　お前《おら》らが怒った最後のプレー中、俺が考えていたことを話す。ゴール前でボールキープしてサイドにいったんボールを預け、すぐに反転ラン！　阿久津の裏に抜け出してリターンパスをもらい…シュートを打って点を決める！　これがあの時、俺が考えてたことだ!!!」

黒板に、当時の局面（選手の位置）を書き出しながら、自分の「判断＝価値基準×入力情報」を共有したアシト。それに対して、黒田が質問をします。話し合いができることにうれしくなってさらに思考プロセスを語るアシトですが、考えていた3つのパターンすべてが最終的に「そして俺が点を決める！」となっており、それを横で聞いていた朝利が怒り出します。

朝利「もういい。やめろ。どうしてすべて、君が点を取るのが前提なんだ？」

アシト「――え？」

朝利「君はまず、得点への強いこだわりを捨てろ。話はそれからだ」
黒田「僕もそう思うよ。君の場合、それだけでもずいぶん違う。ユースでやっていくには…」
アシト「ちょっと待て。それが、あの時お前らが怒った理由なのか？　なんやそれ。俺はフォワードだぞ。点にこだわって何が悪いんだ!?」
朝利「だから…」
アシト「これだけは譲れねえ。点へのこだわりを捨てる!?　そんなフォワード、その瞬間から死んでいくぞ!!」

ここまでを「意見のすり合わせ（グループでのふりかえり）の作法」という視点で整理してみます。やるのは「判断＝価値基準×入力情報」の内容を共有し、すり合わせること。ふりかえりの基本形は、この４ステップです。

①何が起こったか　（入力情報の違いの共有）
②どう思ったか　（価値基準の違いの共有）
③得られた学びは何か　（価値基準と視点のアップデートの共有）

④次どうするか　（判断の共有）

まず、それぞれが見えている「事実」をテーブルの上に出します。ポイントは「事実（入力情報）と解釈（価値基準や判断）を切り離す」ことです。最初はメンバー個々でいろいろな思いを感じていますが、見えているものもバラバラです。その状態で意見がぴったり一致することはあり得ません。なので、みんなが見えているものをそろえてから、意味づけをしていくことが大事です。イメージとしては「裁判」をやっている感じ。裁判では、原告と被告という意見がバッティングしている人たちがいます。進め方としては、まず見えているもの（①入力情報）を「証拠」として出し合い、入力情報をそろえて（証拠を確定して）から、どう解釈していくかをすり合わせていきます。最後に、裁判官がどの「②価値基準」を採用して判断するか決める（判決）。それが裁判のプロセスです。

ふりかえりでは、そのプロセスからさらに進んで「自分たちはこういう視点や基準を大事にしていきたいね」と「③得られた学び」を抽出して共有します。さらに、その得られた学びを活かして「④次どうするか」の判断をみんなですり合わせる。そこで出てきた「これでいってみよう」という行動案を試しながら成功体験を重ねることで「チームの共有ルール」が確立していきます。

なお、グループでふりかえりをするときは、いつもホワイトボードなどに①～④のふりかえり項目を書いておくのがオススメです（強く推奨）。

ハナシが抽象的になったので、教室でのふりかえり談義のシーンにあてはめてみましょう。アシトが黒板に局面を書き出したのは「①入力情報の共有」です（5巻46話）。

これは「アシトが見えていたもの」なので、もし黒田や朝利が「アシトには見えていなかった事実」を入力情報として持っていれば、それを場に出して全員で共有することが大事です。なお、アシトがやったように自分が見えていたものを「たたき台」的に表現すると、ほかの人が「こういうことも起こっていた」とか「そこは認識が違うと思う」といった情報が引き出されやすくなります

（アシト、グッジョブ）。

次に「②どう考えたか」を互いに共有すると、価値基準の違いが浮かび上がってきます。アシトが「自分が点を獲る」という価値基準にこだわっていることが判明して、朝利が「その強いこだわりを捨てろ」と言います。

ここで気になるのは「価値基準を完全一致させるなんてムリではないか」という疑問です。でも安心してください。価値基準が「完全に一致」しなくても、チームにはなれます。人の価値基準は、一人のなかにも無数にあって重要度順に並んでいます。そのすべてが他人と完全に一致することはありません。しかし「この案件を判断するにあたってどの価値基準を優先させるか」をすり合わせながら共有していくことがカオス期超えには必須となります。このときに大事なのは「絶対に譲れない価値基準は何か」です。**お互いの「絶対に譲れない価値基準」さえバッティングしていなければ、必ずどこかに着地点を見つけられます。**

そのためにはまず「自分はこういう価値基準を重要視している」「ここは譲れない」と共有することが大事。かつ、心理的柔軟性を持って相手の価値基準を理解し、すり合わせていくと、「なるほど、そういう考え方があるのか」などと自分のなかでの価値基準の順番が入れ替わることはあり得ます。そうやって、誰のＯＢラインも越えない落とし所を見つけていくのです。

とはいっても、アシトと黒田・朝利の場合は「譲れない価値基準」がバッティングしてしまったので、その場では話が進まなくなってしまいました。あとは、アシトの「自分が点を獲る」というこだわりが「絶対に」譲れないものかどうかが問われます。

その後、「トライアングルを形成しながら崩す」という視点を知ったアシトは、自分がシュートを打てる状況なのに無意識のうちにアシストのパスを出し、朝利がゴールを決めます（6巻51話）。朝利から「撃てたのに、どうして僕にパスを？」と聞かれ、「……俺が聞きてえよ」と答えるアシト。**価値基準がアップデートされた瞬間です。**「絶対に譲れない価値基準」だと思っていたものを一つ手

価値基準が完全に一致しなくてもチームにはなれる

価値基準＝ ＜関数A＞
＜関数B＞
＜関数C＞
＜関数D＞
＜関数E＞
……

人の価値基準は、さまざまな評価基準（関数）が重要度順に並んでいる

→知らない基準、興味のない基準は認識されない（心理的盲点）

→他者との「すり合わせ」によって、順番は入れ替わる（心理的柔軟性がある場合）

チームになるために必要なのは、
「価値基準が完全に一致すること」
ではなく、
「絶対に譲れない価値観がバッティングしていないこと」

→誰のOBラインも超えない落とし所を見つけていく（カオス期）

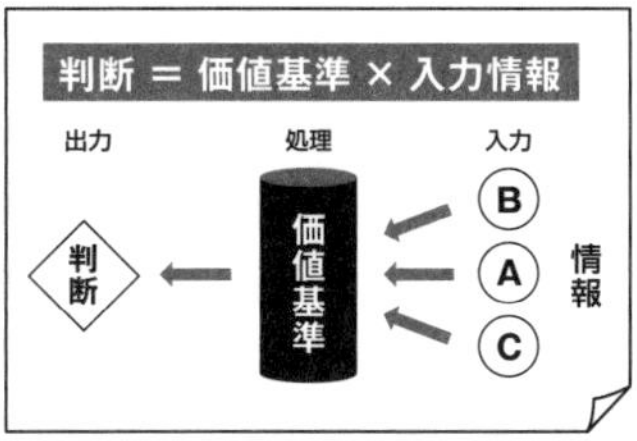

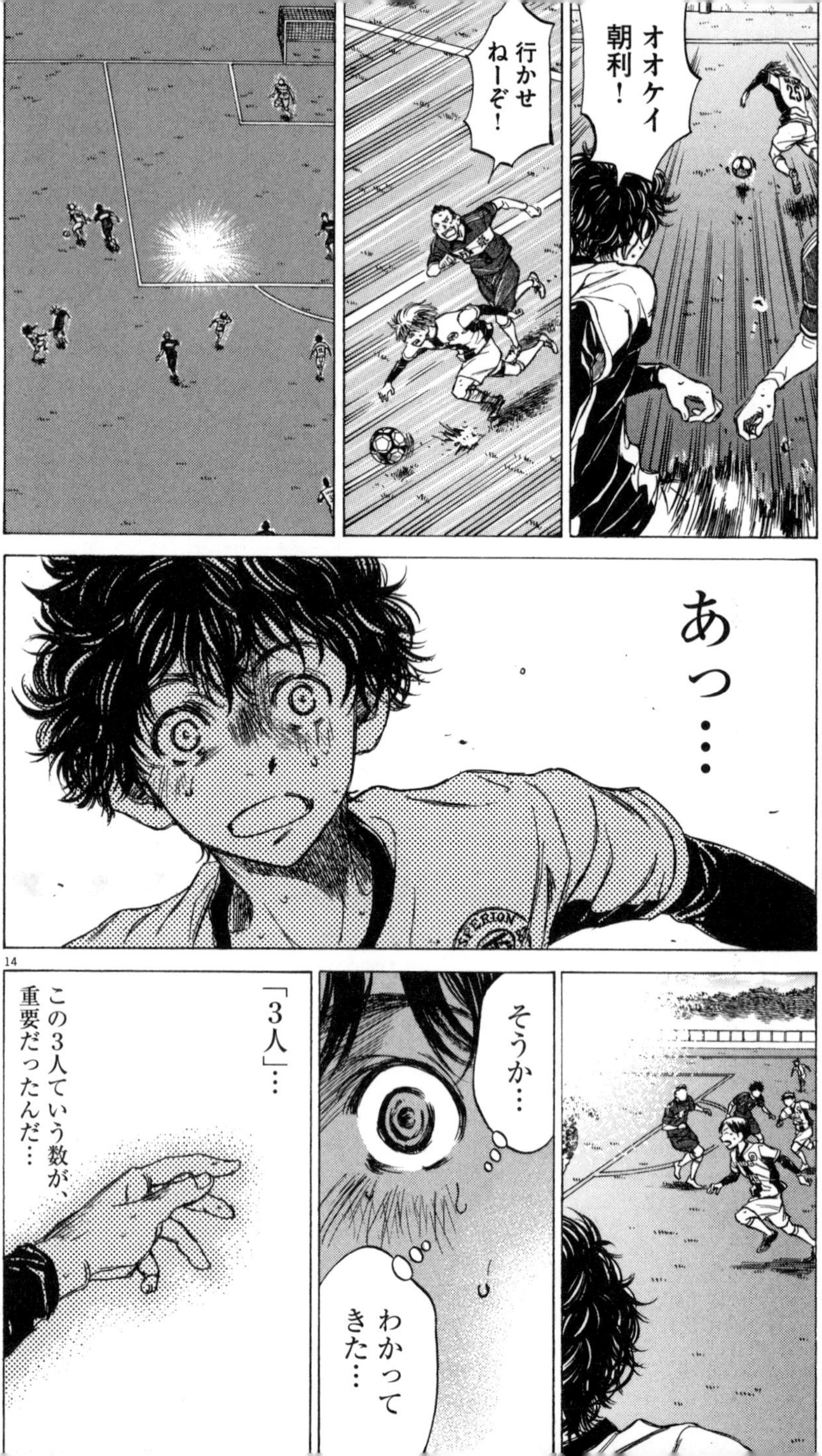
オオケイ朝利！
行かせねーぞ！
あっ…
そうか…
わかってきた…
「3人」…
この3人ていう数が、重要だったんだ…

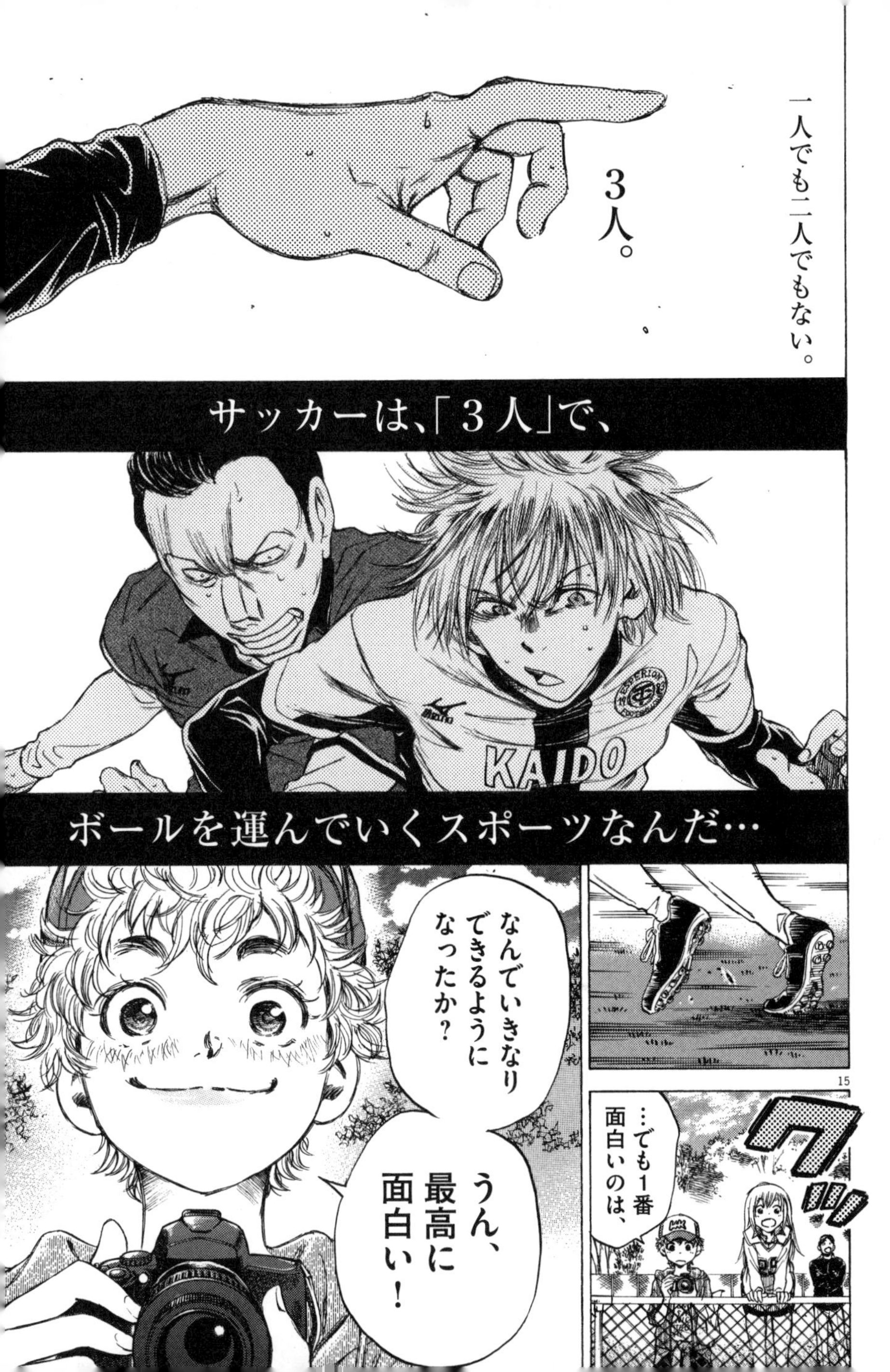
一人でも二人でもない。
3人。
サッカーは、「3人」で、
ボールを運んでいくスポーツなんだ…
KAIDO
なんでいきなりできるようになったか？
うん、最高に面白い！
…でも1番面白いのは、

15

放せたことで、アシトは「他者とチームになれる可能性」が広がったことになります。**「絶対に譲れない価値基準」は貫けばよいですが、「それは本当に絶対に譲れないのか？」「ただのわがままではないか？」という問いを常に持っておくのは大事です**（そうしないと、誰ともチームになれなくなっちゃう）。

ここから学べるのは、「意見が合わない」ことは「自分をアップデートするチャンス」だと思えば常に心理的に柔軟であれる、ということではないでしょうか。

こうして、メンバーみんなが心理的柔軟性を持った状態で、「どうすればトライアングルを使ってうまくいくか」を試行錯誤していくのが「カオス期」です。

というハナシを知った読者のなかには、「そうはいっても、職場には心理的ガッチガチな人たちがいて、グループ期から先に進める気がしないんですけど……」と思った方がいるのではないでしょうか。そこで、グループ期からカオス期に進むためのヒントとして「グループ体質」「カオス体質」という視点について考えてみましょう。

「グループ体質」な日本人

おさらいになりますが、格下が格上に勝つことを「ジャイアントキリング（大金星）」といいます。ジャイキリが起こるのは、格上がイモムシ（グループ期）で、格下がチョウ（チーム期）になっているときです（下の図）。

組織づくりの方向性としては、イモムシのまま完成度を高めるという選択肢もあります。グループ期で１００点（満点）を目指すわけです。ただし「イモムシ対イモムシ」の場合には大きいほうが勝つので、ジャイキリは起こりません。大きいイモムシのほうが足は長いので、逆転は起こらない。

したがって、自分より格上な相手がいる人にとっては、「イモムシを大きくする組織づ

チームの成長ステージ「イモムシ・チョウ理論」

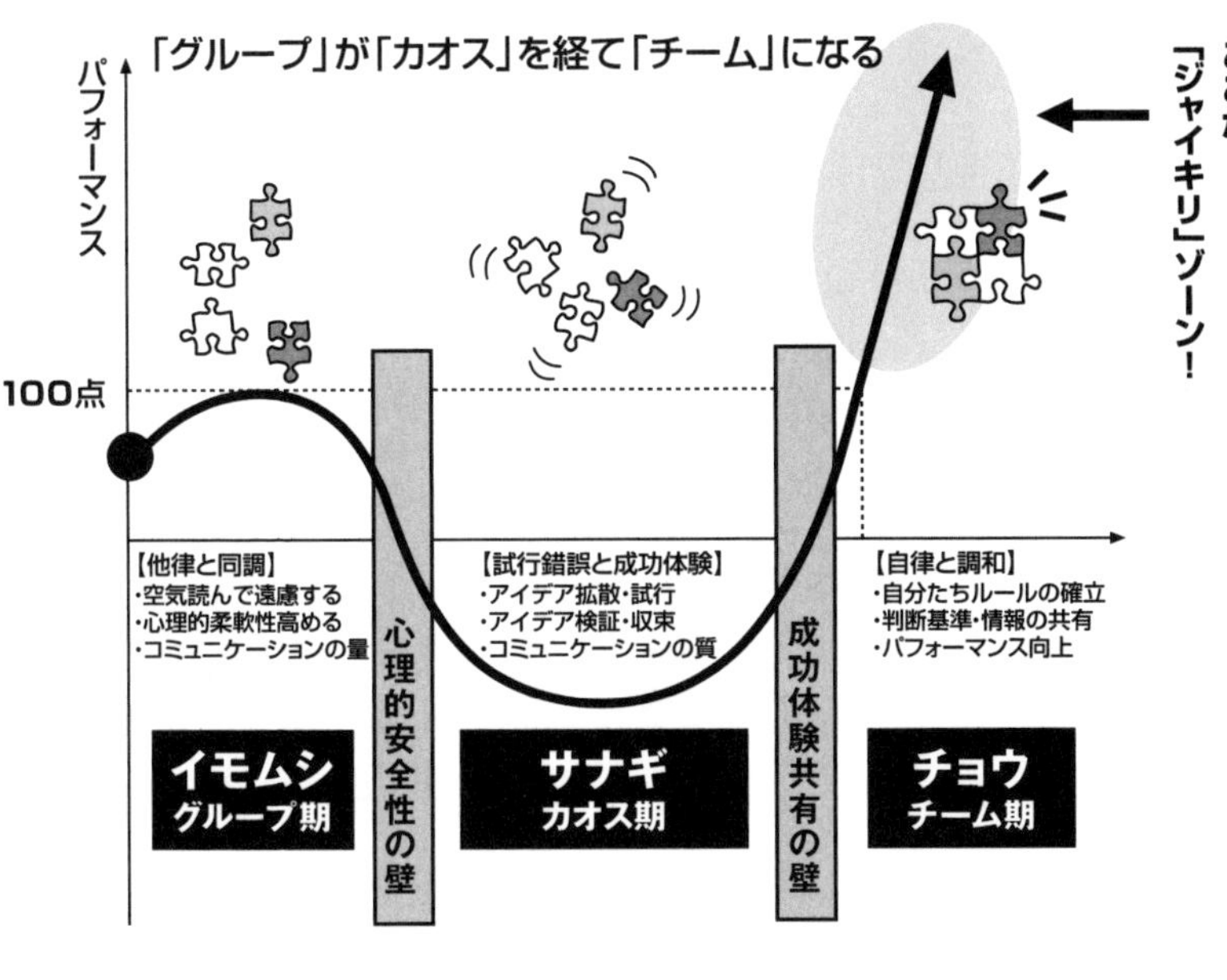

くり」のほかに「サナギを経てチョウになる組織づくり」を選択肢として持っておくことが必須です。

また、イモムシ（グループ期）の組織は他律的で、リーダーの判断に依存するので、リーダーが正解を持っていない状況になると苦しくなります。その意味で、変化の激しい時代には、イモムシ組織では通用しにくくなるのです。

しかし、多くの組織は、グループ期にとどまりやすい傾向があります（特に日本）。

①言いたいことがあっても空気を読んで黙っている。だからカオス期にならない。

②対立や衝突が起こるのはよくないことと判断する。せっかくカオス期にさしかかって異なる意見が出るようになっても、「まあまあ、そんなこと言わないで」とむやみに仲裁することでグループ期に引き戻してしまう。

こういったふるまいをする性質のことを「グループ体質」と呼びます（左の図）。「日本人」のようなざっくりしたくくり方はあまり好きではないのですが、それでも今の日本人の気質としてはグループ体質なところがあると感じます。これに対して「自己主張から始まるのが当たり前」の国や地域には「カオス体質」の人が多いといえそうです。

その点、アシトは「カオス体質」の持ち主です。エスペリオンユースの入団試験（セレクション）の開始時、「誰も獲らない可能性も高い」と説明する福田監督に対して、アシトは率直に意見します。

「へっ？　そんなん聞いてねーぞ！（略）こんなにいっぱい入りたいってやつ来てんだぜ？　いくら何でも誰も獲らんなんておかしいやないか。みんなは知ってたんか？　ほれ、なんか言うか？」

アシトから話をふられた受験生たちは、誰も何も言わず黙っていました。福田は、セレクションの背景や価値基準を語り始めます。ジュニアユースから上がれなかった選手が大勢いること、スカウト班が有望な選手を常に探していること、そのスカウトの声がかから

グループ体質とは

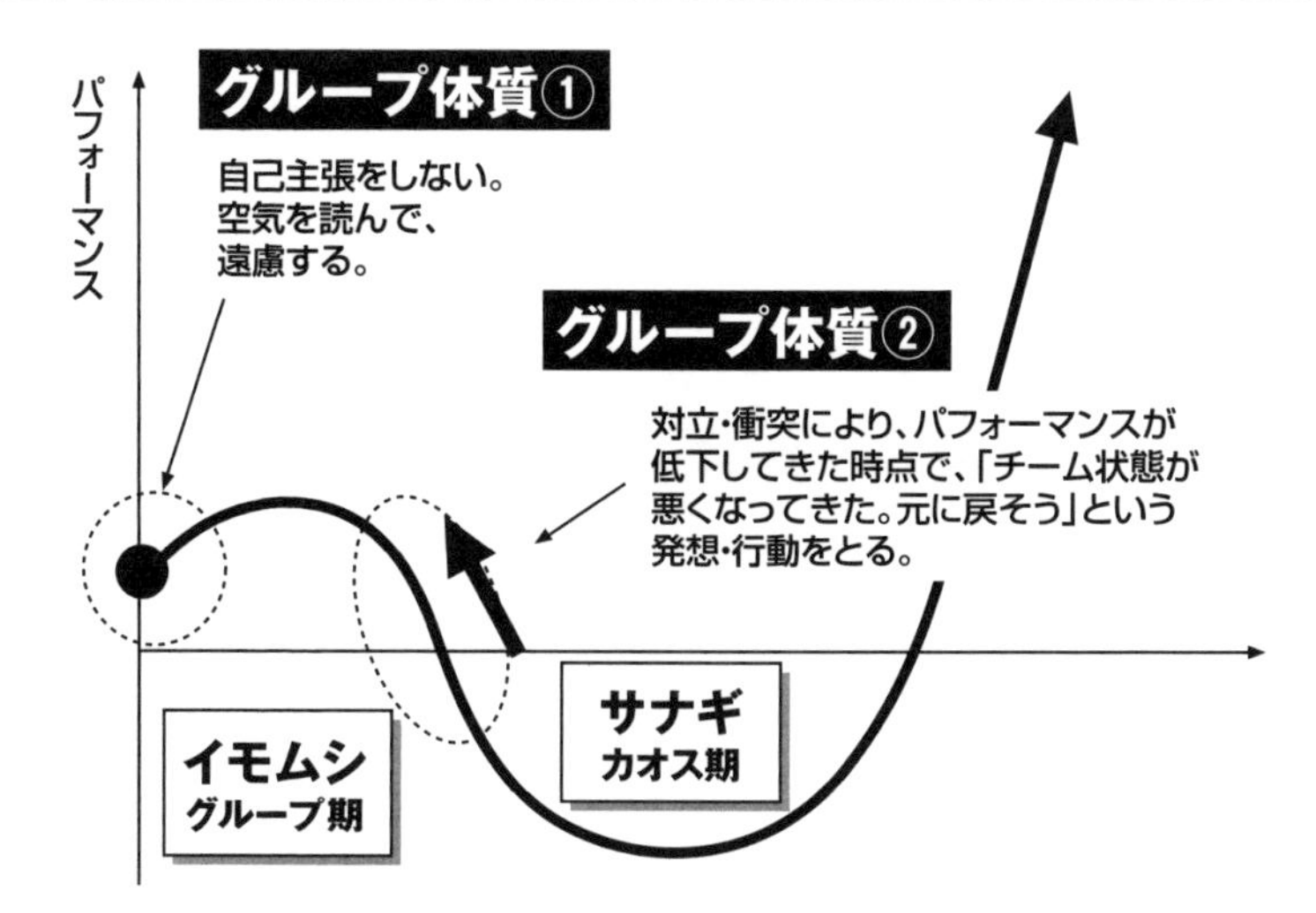

ここに集まった86名は、
今まで俺達が獲りたいと思えなかったやつらなんだ。
…オイオイオイ。
そんなこと言っちゃや…福田監督…
福田！
自分の実力を踏まえ、わずかな可能性に懸けてここにいる。
だがな、――
ここに来た人間は、みんな それを知っている。

それでも東京シティ・エスペリオンに挑戦したいってやつらが、
ESPERION 1983 FOOTBALL CLUB
こんなに来てくれてるんだ。
そんな中から這い上がってこれるやつってな、
本当に光って見えるんだぜ。
ある意味特別なんだ。
クラブに不可欠な光と言っていい。
反骨心。
逆境をはね返す力を持った選手。
のどから手が出るほどほしい。

今日は大人数だが、
光ってくれてるなら、俺達は必ず見つけ出せる。
プロだからな。
お前ら頑張れ。
はい!!
はい!
おおっしゃあああ!!!!
おおおおおお
ウ
やるぞ…
おおっす!

なかった選手がこのセレクションに来ているという背景。そして価値基準としては、86名もの受験生の中から這い上がってこられる選手は、本当に光って見えること。そういう「逆境をはね返す力を持った、クラブに不可欠な選手」を見つけ出すためにセレクションがあること。その言葉を聞いた受験生たちは、吹っ切れて緊張が解け、やる気がみなぎった状態になります（1巻3話）。

このようにアウェイな場や、人数の多い場、絶対的な評価者がいる場でも思ったことを言えてしまう資質をアシトは持っています。このシーンに限らず、アシトは自分が考えていることを相手に伝えようとしたり、わからないことを質問したりします。それによって、福田がセレクションの価値基準を教えてくれたり、チームメイトが意見を言い始めたりするので、アシトのまわりはいつも「わちゃわちゃ」するわけです。なので、グループ期にとどまることなく、カオス期に進んでいきやすくなる。この**「空気を読まずに意見・質問する資質」**は、グループ体質なメンバーの多い集団においてはアシトの強みの一つになります。

象徴的なのが、アシトの「わからん！」宣言のシーンです（5巻46話）。声が大きかったこともあり、それを見たクラスメイトの「なんだなんだ？」「入学早々ケンカかぁ？」というセリフが描かれています。グループ体質な組織文化の中では、カオス体質は「ケンカしている」ように見られがちなのです。本人はただコミュニケーションしようとしているだけなのに、グループ体質の人からすると「あの人、空気読めないよね」とか「ヤバいヤツ」と思われて、組織で浮いてしまう。それだとせっかくの資質が活かされません。「グループ体質な人」と「カオス体質な人」の相互理解がないと、そういうもったいない状態になりやすいのです。

グループ体質が強い人は対立・衝突やカオス状態を好まない傾向があります。対立・衝突を「雰囲気が悪くなった」と感じたり、わちゃわちゃしてコントロールが効かない状態を「問題」ととらえたりするのです。組織をつくるにあたっても、指示命令型でグループ

「カオス体質」は、思ったことを言うのでまわりがわちゃわちゃする

グループ体質な雰囲気の中では
ケンカのように見えがち（５巻46話）

自分の考えを伝え、相手の考えを
質問するアシト（５巻45話）

期のまま100点を取りに行くことを目指そうとします（チョウになって100点以上を出すことは目指さない。というか、そもそもそういう概念を持っていない）。グループ期で100点を目指すやり方は「リーダーが正解をもっていて、メンバーが指示どおりに動くことで結果が出る仕事」の場合なら、うまくいきます。でも、うまくいっているうちはよいですが、状況が変わって従来のような結果が出なくなった途端、「他責モード」や「犯人探し」になって雰囲気が悪化してお互いガッチガチに陥ってしまうのが、グループ期のまま仕事を進めるリスクです。「自分はちゃんとやっているのに、誰かがちゃんとやっていないからうまくいかない」と「全員」が思っている、という分断された状態になってしまいます（悲しい）。

予測可能性が高まると、よいアシストが生まれる

では「カオス期」を乗り越えて「チーム期」になると、どうなるか。

メンバーの凸凹が組み合わさる形で役割分担が明確になり、情報も共有され、「この状況ならあの人はこう動くだろう」のように、お互いがどう動くか予測できるようになります。

なお、ここでいう「予測」はチームワークの文脈なので、対象はあくまで「お互いの動き」

です（状況がこう変わっていくだろう、という未来予測は含まない）。そうしてメンバー同士の動きの予測可能性が高まると、「だったら自分はこう動こう」とよいアシストが生まれます。

「チーム期」のキーワードは、この「予測力」と「アシスト力」の2つです。

ここでいう「アシスト」は、サッカー用語の「ゴールした人へのパス」に限らず、もっと広義に「他人の仕事をやりやすくすること」の意味です。**アシストしてもらった人は、その相手に対して「ありがとう」「助かったよ」と感謝の気持ちが生まれ、自分もその人のためによいアシストをしたいと思うようになる「返報性の原理」が発動します。**こうしてアシストの好循環が生まれることでチームワークがよくなっていく。つまりアシストは、グループ期においては「チームワークのスタートボタン」なのです。それとともに、カオス期のすり合わせを超えた先では、「自分の仕事をやりきると、相手の仕事がしやすくなっている」という「アシストの自動化」が起こり得ます。いわゆる「あうんの呼吸」が成立した状態です。

『アオアシ』で具体例をみていきましょう。

プレミアリーグ優勝決定の舞台となる青森星蘭戦を前に、アシトは阿久津の特訓を受けていました（25巻252話）。その準備として、アシトは阿久津と話すため、ノートに相手選手の特徴を書き出していきます。しかし阿久津は「青森の映像はもう観なくていい」と言い、エスペリオンユースの3ヵ月分の試合映像を観て「味方のスカウティング（分析）」をするよう命じました。「自陣にいる時の動きだけでいい。あいつらのプレースタイル、クセ、考え方。そのことだけ集中して探れ。それを、俺とも共有してこい」

驚いたアシトは、「相手のスカウティングをすべきではないのか」と腑に落ちませんが、阿久津から「いいからやってこい」と強く指示され、その通りにします。ただ、試合前半はあまり手応えを感じられないまま終了。後半、交代で朝利が入ったことで、1年生が4人になります（アシト・朝利・冨樫・大友）。これまでの1年間でカオス期を超えた関係性があり、お互いの動きや考えが予測できるため（予測力）、アシトはやりやすさを感じます。4人で意思疎通のあるパス回し（受け手は出し手がパスしやすいポジショニングをし、出し手は受け手がもらいやすいパスを出し合う相互アシスト）をしながら、同様にこう感じます。

朝利「そうか…　そうか……!!　ここが、プレミアリーグ優勝決定の舞台とか関係ない。わかり合えないところから、たくさんのことを乗り越えてきた僕達は――」
アシト「つながってるやん！」
大友「へへ…」

1年生4人組で「あうんの呼吸」のプレーができたアシトは、阿久津の「敵より、味方を知れ」という指示の効果を体感します。その上で「もし、1年生だけやなく、これが全員と…全員とわかり合えたら！　確かにすごいことに…すごいことになるんやないか!?」と考えます。「4人のチーム」ではなく、「11人のチーム」をイメージしたわけです。

11人での予測力とアシスト力が高まってきたチーム状態を観て、福田はこう言います。

「最後（ゴール）まで共にイメージできてこそ初めて『共有』したといえる。それができる『エスペリオンの血』の仲間」

ところが、同じエスペリオン出身である青森星蘭のゴールキーパー・槇村にも「同じ絵が見えた」ことで決定的だったシュートを止められてし

情報が共有されてお互いの予測可能性が高まると、よいアシストが生まれる

(25巻256話)

まいます。こぼれ球を拾ったアシトは、攻撃を防がれて沈《ちん》鬱《うつ》ムードのチームメイトを見て、こう言います。

「……へ？　なんでみんなそんなカオ…？　いやいや、たまたまやん。今、防がれたのなんて！　みんな、めっちゃすごいって。もう本当にすごいことしてるんやって！　意識を共有し合った1年生。意識を共有し合った主力組。繋げばいいんよ。そしたら、もう点取れるよ。俺が繋げるわ」

アシトには、「チーム化した1年生」と「チーム化している主力組」を一つのチームとしてつなげるイメージが見えたわけです。その「つなぎ」のピースになる選手がいました。アシトがつぶやきます。

「えーと、さすがに、お前の映像は見返したんよ。Bチームからはい上がった俺らとは違う、抜きん

「1年生4人のチーム」と「主力組のチーム」をつないで、大きなチームをつくる

（25巻261話）

（25巻260話）

出たエリート。最初からずっと、なんでもない顔してAのレベルについていく、お前のことが不思議でしょうがなかったよ。ずっと楽しんでるもんな…どの試合も。こっちが必死でやってんのに憎たらしいぐらいや。目立ちたいんやろ。とにかく。いっつも、抜け出したいんやろ。遊馬」

アシトからのパスを受けた遊馬（内部昇格組で1年からAチーム）は、青森のキーパー・槇村がどう動くかの「絵が見えた」ことからゴールを決めます。「絵が見える」とは、言い換えると「判断＝価値基準×入力情報」が共有されている状態です。**「この状況になったら、あの人はこう動く。だから自分はこうプレーすればあの人は喜ぶ（対戦相手の場合は悔しがる）」**という思考プロセスが共有されている。これがカオスを超えた「チーム期」です。槇村はエスペリオン時代、みんなと「チーム期」を過ごしたことが見て取れます。だからこそ、エスペリオンの攻撃を読めたし、逆に遊馬に動きを読まれてしまったのです。

アシトがつなぎ役を果たしたことで、エスペリオンは「11人でのチーム」に変態しました。かつてアシトが、グループ期のまま「個の力」で対抗しようとして圧倒的に敵わなかったトリポネと北野蓮。彼らを恐れるあまり、2人の悪夢まで見ていたのが、ここで初めて「手が届く」感覚を得ます。そのアシト曰く、「ひ弱なオレ一人じゃ、お前ら（トリポネ・北野蓮）にはきっと、一生届かない。悪夢は消えない。でも――後半開始から、鳥肌立ちまくりよオレ。すごい仲間がおるんよ。このチームのみんな、本当にすげえんよ…!!　俺が繋ぐ。こんなすごいみんなを、繋ぐ役目になる。そしたらきっと、お前らにも届く…!!　俺は、「司令塔」と（25巻261話）。**グループがチームに成長することで、個人も進化するのです。**アシトは「視野の広さ」という強み（凸）を活かす形で「チーム化」したことで、サイドバックでありながら「司令塔」に進化・変態を果たしたのでした。

これこそが「個か組織か」の次元ではない、**「個を活かす組織」**です。

グループがチームに成長することで、個人も進化する

「視野の広さ」の強みを活かす形で「チーム化」したことで、「司令塔」に変態したアシト

メンバー全員が自分たちで考えて動ける「自律思考」を持ってカオスを乗り越えることで、「個を活かす自律型組織」が誕生するのです。

さて、第1章でお題設計アプローチによる「個の育成」を考え、次の「組織の育成」へ進むために、この第2章では前提として「組織やチームをどうとらえるか」を考えてきました。というわけで、いよいよ「組織の育成」をお題設計アプローチでどう進めたらよいのかに突入していきましょう。この章では福田の出番はほとんど書かれていませんが、その裏側でどんな「何もしてない風」をやっていたのかが明らかに！（なるはず）

第3章

お題設計アプローチ「組織の育成」編

「答えを教えない」スタイルであるお題設計アプローチの達人は、どんなことを考えて「組織の育成」を促すお題（制約条件）をデザインしているのか。

前章で扱った「チームの成長ステージ」を踏まえつつ、福田監督の挙動をみていきましょう。

チーム化を促すお題の設計

アシトがAチームへ上がってからのシーンを中心に、まずは「ロープ練」を取り上げます。ディフェンダーに転向したばかりで、まだ守備の概念を理解できていないアシトに質問されるも、わかりやすく説明できずに困るディフェンダーの朝利や竹島（14巻142話）。

朝利「僕らが小学生から当たり前に教わってきた守備の概念が、青井の場合、全くないわけで…」

竹島「守備ってやっぱ組織的なもんだし、言葉にするとどしても理論的っつーか小難しい説明になっちまうからよー。伝わんのかどーか」

翌日。
ギョへ―――!!!
ちょい待てちょい待て冨樫！
倒れる
だから遅《おせ》えんだよお前！
が！
ぐぐ…
ちっくしょおおお、なんでお前らこんな対応早いんだよ!?
コケてんの俺だけやん。
すげえよお前ら！
以心伝心で空いたスペースを瞬時に埋め合って…

12

そこに突然現れた福田監督が、こう言います。「なんで小難しい説明になるんだ？守備が、攻撃に比べて組織的って部分は賛同する。しかし、それで論理的にしか守備の説明ができないってのは、大きな問題だぜ？」。そして倉庫からロープを持ち出してきた福田。「これ俺が何年か前に提案した練習法でよ。意外と面白いんだぜ。守備陣4人、このロープを両手に持ってつなげ」。そのロープ練習をやってみると、アシトは……「ぐぎゃー。なんやこれ、なんや…なんや!?　ディフェンダーのうち一人でも動いたら無理にでもついていかんと…」。そう思っているうちに、すぐロープから手が離れてしまいます。自分以外の3人が以心伝心で瞬時に対応する動きができているのに、自分だけコケてしまう経験をして、アシトは気づきます。「このロープ練習…守備の基本ができてない奴が一目リョーゼン！　あっと言う間に仲間外れにできる画期的な練習やあ！」

整理すると、メンバーは1年生ディフェンダーの4人（アシト、冨樫、竹島、朝利）。守備の基本ができていないアシトは、引っ張られて転びまくりました。これはロープなしで練習していたときに比べると、見た目のパフォーマンスはかなり低いです（転んでいるので、ちゃんと仕事してないのが明らか）。これがまさに**「グループ期からカオス期に入るとパフォーマンスが下がる」**ということです。「グループ期で言われたことを60点レベルでこなしている状態（←実はできてるとはいえない状態）」よりも、全然仕事していないように見える。会社でいえば、新規事業の立ち上げなどの際、みんなで集まって「こういうやり方はどうだろう」と相談しながら試行錯誤をしているものの、まだ結果が出ていない状態と似ています。まわりの人から「あいつら、なに遊んでるんだ」とか「まじめに仕事しろよ」と言われたりするわけです（本当はサナギの内部で劇的な変化が進んでいたとしても）。

　アシトは何度も失敗しながら小さな成功体験を積み重ねることで、だんだん「守備の価値基準」をつかんでいき、4人の動きのシンクロ率が高くなっていきます。その結果、紅白戦で桐木選手が「いい動きだ。技術…というより集中力が。1年生、高いレベルのイメージを共有できてる！」と感じるレベルに到達。息ぴったりで連動できる「チーム期」に至ったのが見て取れます。アシトはこう感じます（14巻147話）。

「ロープ練で一番身についたことは、『言われなくてもやる』！　ポジショニングを間違えると、引っ張られて転倒する。それを何回も繰り返すと…守備の基本と…冨樫、竹島、朝利のくせ…嫌でも体で覚えていく!!　口に出して…コーチングする間もねえ！　でもわかる！　『どこにいてほしいか』!!　俺達4人をつないでいたのは、ただのロープだ。でも、『目に見える物』を使ったことでわかった。あのロープは、『言わなくてもカバーし合える関係』で互いをつなぐ…一蓮托生『絆』のロープ！　DFラインとは…『信頼』!!

わかってきた、わかってきた！」

さて、ここからが本題です。このロープ練のお題設計には、どのような要素が盛り込まれているのでしょうか。5つ挙げたいと思います。

①全員で協力せざるを得ない（一人では達成できない）

ロープで全員が物理的につながった状態をつくることで、バラバラなままでは仕事ができなくなる結果、わちゃわちゃしたカオスが生まれやすくなっています（グループ期にとどまりにくい）。メンバー同士で「どうする？」「こうしてみようか」「うわ、ダメだ」という**試行錯誤（仮説→試行→検証）のコミュニケーションが自然に起こりやすいので、チーム化が進みやすくなるわけです。**

グループがカオスを超えてチームになる

（14巻147話）

逆にいうと、バラバラなまま動いても達成できる「分担できちゃうお題」や、一人だけが高いパフォーマンスを発揮すれば達成できる「無双できちゃうお題」だと、グループ期のまま終わってしまう可能性が高くなります（チーム化を促すお題にはなりにくい）。**会社でよくある「個人ごとに目標を割り振って、個別に進捗管理し、達成度合いで個人を評価する」といったやり方は、チーム化を促しにくいわけです。**

②制約条件（お金・時間・道具・人材・NG行為など）が明確になっている

もし仮に、アシトが福田のお題に対して「ロープから手を離しちゃダメって言われてないもんね〜」と裏をかいてきたとしましょう。手を離してディフェンスし、「イェーイ、成功！」となってしまうとそもそものお題の趣旨が損なわれてしまいます。お題を出す側からすると、学びが得られない方法で達成されても意味がありません。そこで「ムダな試行錯誤」を減らしつつ「望ましい行動」が引き出されやすくなる制約条件をデザインできるかがキモになるのです。

福田はルールとして明示したわけではありませんが、アシトに「ロープから手を離したの、お前だけだぜ」と言いました。つまり、このお題は「ロープから手を離してはいけない」という制約条件がついているわけです。本来、**出題の作法としては、事前に制約条件を伝える**

ほうがベターです。なぜなら、よかれと思って試行錯誤して思いついたアイデアを「それはダメです」とあとから否定されると、学習者のやる気がなくなるからです。ロープ練の場合は言わなくても制約条件なのが明白だからよかっただけかなと（安易にマネしないのが吉）。

このように、NG行為や使っていいリソース（お金・時間・道具・人材）を制約条件として設定することで、お題の難易度をチューニングしたり、試行錯誤の範囲を絞ったりします。

③現実と理想のギャップを明確にできる（できている状態とできていない状態が明確にわかる）

試行錯誤から効果的に学びを得るには、気づき力（アンテナ感度）を高くすることが大事。気づき力には公式があります。

気づき力 ＝ 理想 － 現実

「理想と現実のギャップ」によってアンテナが立つわけです。ギャップを明確にするには、理想をハッキリさせ、現実もハッキリさせること。すなわち、できている状態とできていない状態が明確にわかることが大事になります。その点、ロープ練は「できていない」と手が離れたり、転んだりします。メンバー4人が連動してボールを奪ったり、ゴールを守れたら「できている」のがわかる。現実、理想ともにハッキリしています。

しかも、**試行錯誤の結果が「物理的・非言語的」に「即時フィードバック」されるので、福田がつき添って言葉でフィードバックする必要がありません**。ここは「何もしてない風」スタイルにとって大きなポイントです。福田は「週一、この時間（木曜の夜）だけ付き合う。ちゃんとやれるようになるまで、やってみろお前ら」と言いました。福田がいなくても、1週間後まで自分たちだけで試行錯誤できるわけです。なお、「ちゃんとできるようになるまで、やってみろ」が「理想」を示していますが、表現としては超あいまいです笑。でも、ロープそのものが「理想」と「現実」を明確に示してくれるので、言葉があいまいでも支障はありません（お題がよくできてる）。

電車ごっこつったけど、このロープ練習…
守備の基本ができてない奴が一日リョーゼン！
あっと言う間に仲間外れにできる画期的な練習やあ！

④再チャレンジ可能

もしロープ練のお題にチャレンジしたアシトたちが1回失敗したときに、福田が「ミスするとはどういうことだ！」と怒ったり、「あーあ」とため息をついたり、お題を出す時点で「1回でもミスしたらBチームに落とす」とか「ミスは3回まで」などと言ったとしたら、その後の展開はどうなっていたでしょうか。**やったこともないし、できるかどうかもよくわからないお題に対してミスできないとなると「とりあえずやってみようよ」と試行してみるアクションは生まれにくくなります。**やってみることなく「そのアイデアはこんなリスクがあるのでは」「失敗したら責任取れるのか」「あーだこーだ」と話し合いが続くだけで、いつまで経っても進まないことでしょう（会社とかでよ

（14巻142話）

くある光景）。

一方、ミスした姿を見て、出題者がポーカーフェイスだったり、ニヤニヤしてるくらいであれば、メンバーはお題にチャレンジし続けやすくなります。もちろん、制約条件として「いつまでに」と期限を示したり、「ミスの回数は問いません」と伝えるパターンもあってよいです。ちなみに、アシトたちが最初にミスしたときの福田の表情とコメントは右ページです（煽ってました笑）。これも福田のキャラクターや選手との関係性をベースにしているものなので、安易にマネされませんよう。

⑤テーマがあり、体感・実感できる

ここが「お題設計アプローチ」のキモです。

ロープ練のお題のテーマは「守備の概念」、より具体的には「チーム化してディフェンダー間の距離を一定に保つことの重要さ」です。これを学校の座学っぽく（伝統的アプローチで）伝えようとすると、情報量が多く、理屈っぽく小難しくなり、まだ経験値や問題意識のない（アンテナが立っていない）初学者にはピンとこないので全然伝わらない、ということが起こります（↑言語化が大事と言われて育った朝利と竹島が困ってたポイント）。

その点、物理的にロープでつながっていると、非言語でも**「失敗体験および成功体験の共有」がなされやすいため、試行錯誤からの「自分たちルール」形成がスムーズに進みやすくなっています。**つまり「カオス期を超えてチームになるとはこういうことなのか」と体感的にインプットできる。カオス期とチーム期の間には「成功体験共有の壁」がありますが(80ページ参照)、「テーマが実感できるお題設計」によってその壁を越えやすくなっているのです。

以上の5つが、ロープ練から学べるお題設計ポイントです。まとめて挙げてみましょう。

①全員で協力せざるを得ない(ひとりでは達成できない)
②制約条件(お金・時間・道具・人材・NG行為など)が明確になっている
③現実と理想のギャップを明確にできる(できている状態とできていない状態が明確にわかる)
④再チャレンジ可能
⑤テーマがあり、体感・実感できる

この5つをベースにして、なぜお題設計アプローチが効果的にチーム化を促すのか、その理由を整理してみます。

・伝統的アプローチだと、アンテナの立っていない学習者に伝わりにくい。それに対して、お題を出されると**「理想（答えがわかった状態）」と「現実（答えがわからない現状）」のギャップが生まれて「気づき力」がアップする**（問題意識のアンテナが立つ）。

・**ギャップを埋めるために試行錯誤が始まる。**お題が「全員で協力せざるを得ない」設計になっていると、自然に「どうするどうする?」と協働コミュニケーションが起こり、カオス期へ誘《いざな》われる（グループ期にとどまれなくなり、チーム化が促される）。

・**試行錯誤にあたっては、再チャレンジを可能にする**（失敗を許容できる）設計にすることで、「仮説→試行→検証」という学習サイクルの高速回転を促すことができる。

・お題の回答として適切でない選択肢（学びが得られないカタチでの達成）をカットするために**制約条件（NG行為など）をデザインする。かつ、それらの制約によって、学習者がお題を通じてテーマを実感できるように仕上げる。**

これが「チーム化を促すお題設計」の基本構造です。

ロープ練につき合う福田は、ただ一緒にボールを蹴っているだけで手取り足取り教え込むことはしないので、たいして何もしていないように見えます。しかし、お題を出すまでの時点でこれだけのことを準備しているのです。**「何もしてない風」は、見えないところでめっちゃいろいろやっています。**「何もしてない風」は「一生懸命教えてる風」とは全然違うし、「何もしてない」のとも大違いなのです。

ここまで読み進めてきて、「えーと、自分でお題を考えるために、ロープ練以外の事例を知りたいんですけど」という方もいると思います。福田はほかにも多様なお題を繰り出しているので、それらは次の章で取り上げようと思います(しばしお待ちを)。

チームの範囲はどこまでか

ロープ練の成果が出たことで、アシトたち1年生ディフェンダー4人組はそろってスタメンのチャンスを得ます(東京VANS戦)。試合が始まって、4人の横の距離感はよく、無難な守備をします。「通用している」との手応えを得たアシトたちですが、なんと急に崩されてしまいます。原因は「縦の距離感」がうまく取れていなかったから。

ゴールキーパーの秋山から、「1年生ェ――!! 縦の距離も意識していこうや!(略)お前ら4人、『横の距離感』はすごくいい! じゃあ、次は縦だ! GK、MF、FWともコンパクトな距離感…そうすればもっと守りやすくなるし、攻撃もスムーズになる。オレと小早川さんがバランス取るから安心してやれ。今の調子で自由にな！」とコーチングされた4人ですが、まだ判断がすり合わさっていません。そのため前半終了間際に、大きなピンチを招いてしまいます。ハーフタイムに「4人で話し合うぞ」と言うアシトに、秋山が言います。「おい！　小早川さんと俺も、話に加えてくれや」。小早川は3年生の守備的ミッドフィルダー、秋山は2年生キーパーです。秋山が1年生4人に崩れた原因を伝えます。「『縦とのコンパクトな距離感』　これが真の意味ではできてなかった。発端はそこだ」。それを聞いて、自分たちではできているつもりだったので困惑する4人。どうしたらいいか、教えを請います。そのやりとりのなかで、小早川と秋山が言いました。

小早川「なあ、お前ら、前半一度でも、俺らにまともに要求をしたか？」
アシト「あ…」
小早川「コーチングを、アイコンタクトを、対等の立場でしたか？　連携の必須条件だ。よくわかってるはずだろ？」
アシト「あ。」
秋山「気付いてたか？　先輩相手に引いてたんだぜ、お前ら。厳しい条件でいっぱいいっぱ

ハイレベルなことを要求してるのはわかる。
でも、お前ら横の連携は素晴らしい。
あれをどうやってるのか思い出してくれ。
なあ、
お前ら前半一度でも、
俺らにまともに要求をしたか？
あ…
コーチングを、
アイコンタクトを、
対等の立場でしたか？
あ。
連携の必須条件だ。
よくわかってるはずだろ？

気付いてたか？
先輩相手に
引いてんだぜ、
お前ら。
厳しい条件で
いっぱいいっぱい
なんだろうけど
よお。
だが、
駄目だ。
強くなれや
お前らァ。
もう一度言う。
対等にプレー
してこい！
目を見合え。指示をし合え。
そうして初めて
「適正な距離間」が
生まれるんだろ⁉
お前らが
ロープ練で
つなげた連携力…
そのロープ、
前の俺達にも
つなげるくらいの
気持ちでこい！
お前ら４人で
やれてることを、
なぜ俺達に
してこない⁉

いなんだろうけどよお。だが、駄目だ。強くなれやお前らァ」
小早川「もう一度言う。対等にプレーしてこい！　目を見合え。指示をし合え。そうして初めて『適正な距離感』が生まれるんだろ!?　お前ら4人でやれてることを、なぜ俺たちにしてこない!?　お前らがロープ練でつなげた連携力…そのロープ、前の俺達にもつなげるくらいの気持ちでこい！」

このシーンで意識したいのが「チームの範囲はどこまでか」という視点です。

サッカーで「チーム」というと、「ピッチ上の11人」とか「監督を含めた所属メンバー全員」を指すイメージがありますが、「チームの成長ステージ」を考えるときは違います。

あてはめるときの基準になるのは、

「何の仕事をするか」

「メンバーは誰か」

の2つです。ここ、大事なので繰り返します。**形式的なくくりでのチームではなく、実質的に「何の仕事をするか」と「メンバーは誰か」を具体的に考えることが大事です。**

アシトたちの場合、「守備の横連携という仕事」をする「4人」であてはめると、ロープ練を通じてカオス超えをし、チーム化しました。でも、ディフェンダー4人の前後にいる小早川と秋山を含めた「6人」で「縦の連携という仕事」をすることについては、まだグループ期にすぎません。「6人グループ」で「縦の連携」を試行錯誤してカオス期を超えることで初めて「6人のチーム状態」が生まれるわけです。

なので、縦の連携について「4人で話し合うぞ」と言ったアシトは「チームの範囲」を誤解していたことになります。「お題」という表現を使うなら、「4人で横連携しなさい」というお題と「6人で縦連携しなさい」というお題はまったく別物なのに、その区別ができず、「4人に縦連携のお題が出されている」と思い込んでしまったわけです。お題を設計する側として考えると、**「誰に」「どんな仕事」をしてもらうお題なのかを明確に意識して設計・提示する**ことが必須といえます（ここもテストに出ます）。

さて、その東京VANS戦のハーフタイムで、福田がさらに新たなお題を出しました。「11人全員」で「嵌《は》めてこい」と。「嵌める」とは、奪うポイントを決めた上で、あえて相手にボールを持たせ、ポイントに来たらボールを奪って即攻撃する作戦のこと。福田は全員に向かってこう言います。

「嵌めてこい。この作戦には、徹底した意思共有が必要だ。『ここで奪う』という意思を、11人全員が共有して動く。そうすれば、必ずできる。意思共有だ。小早川と秋山の話がここで効いてくる。もう一度言う。これができれば、お前達のサッカーが、次のステージに行ける」

後半、11人全員で試行し始めるエスペリオン。1年生ディフェンダー陣4人も、遠慮することなく先輩に指示の声をかけます。朝利の「松永さん、中に…」というコーチングに反応した松永の動きは、朝利の予想を超える速さでした。松永は言います。「朝利！　要求が軽すぎる！　中に入るまでは言われなくてもやる。もっと二手三手先を指示してこい。じゃねえと福田監督の言う（嵌める）ポイントまでたどり着けないぜ!!　俺らを甘く見るな！　遠慮せずにこい！」。そ

徹底した意識共有が「チーム」を生む

こから試行のレベルが上がり、全員の意思がすり合わさってきます。小さな成功体験が重なり、徐々に「嵌める」の価値基準が見えてきたアシトは、持ち前の「視野の広さ」で敵味方の動きをとらえることで、福田から指示されたポイント以外でも「嵌める」ことができるようになります。アシトの「視野の広さ」が活かされるカタチでカオス期を超え、「11人で嵌める」という仕事を成し遂げるチームが生まれます。その結果、アシトは守備に目覚めるのです。

「めっちゃ楽しいやん。守備………!!」

（16巻163話）

チーム化は、人数が多くなれば多くなるほど難易度が上がります（そこもジグソーパズルと似てる）。いきなり「11人でのお題」を出してもなかなかうまくいきません。その点、福田は**「4人でのお題」「6人でのお題」ときて、そのでき**

具合いを見ながら「11人でのお題」へと段階的に範囲を広げるカタチでお題を出すタイミングを設計しているといえます（めちゃめちゃ重要な視点）。

化学反応のカギは「異分子」

「チームの成長ステージ」を考えるときには、「何の仕事をするか」と「メンバーは誰か」の2つを実質的・具体的にしてあてはめることが大事、というハナシが出ました。ということは、「チーム化を促すお題」を設計するには「メンバー選び」という視点も重要になるわけです。では、どんな視点でメンバーを選ぶのか。福田の考え方がわかるシーンがあります。キーワードは「清流と淀み」です。

Aチームの紅白戦（レギュラー組 vs. サブ組）で、福田がいつもに比べて細かい指導（ティーチング）をしているのを見て、ゴールキーパーコーチの弁禅《べんぜん》がこう言いました。

弁禅「ふ、福田ァ。今週のお前、サブ組に時間さきすぎじゃないか…　もっとレギュラー組に絞って指示したほうがいいぞ」

福田「強いチームの最大の条件を知っているか。サブも強いことだ。レギュラーが年間通して一番戦うのは、紅白戦のサブ組なんだ。サブが強くなくては、いずれ、レギュラーも弱くなっていく。今のように、レギュラーとの実力差がありすぎる状況に、俺は責任を感じている。（向きを変えて）サブメンバー、頼むぜ。お前ら全員にかかっている。食らいついてこい！　とりあえず、もうちょっと人を頼ったほうがいい。自分の中で解決しようとしすぎ…真面目すぎてな。信頼できる意見を求めて、人に訊け。訊いて修正。この繰り返しだぜ、サッカーは…」（14巻139話）

　この福田の発言にショックを受けた黒田は、自分のことを最も理解している望コーチに意見を訊きに行きます。

望「黒田、私が思うに――お前は、『もっともユースらしい選手』　それが最たる特徴だ」
黒田「ユースらしいとは、良い意味ですか、悪い意味ですか？　なんでも言ってください。そのために望コーチのもとに来ました」
望「…Jr.《ジュニア》ユースの時からお前を知っているが、こうやってダイレクトに弱みを見せてくるのは初めてだな。よろしい。決意を尊重して答えよう。まずは逆に問う。『ユースらしくない選手』とは、今のエスペリオンで誰だと思う？」

黒田「――…青井君です」
望「そうだな。だが、もう一人」
黒田「え…」
望「青井をセレクションで選んだ時、正直青井は基準に達していなかった。でも、福田には別の基準があった」
（望と福田の回想シーンへ）
福田「阿久津をセレクションで選んだ時と、同じ基準だ」
望「阿久津？」
福田「ユースは、どうしても優等生…エリート意識の高い人間がそろう。セオリーにはめ込むのが上手いというかさ」
望「…ああ。高校出身の私やお前からすると物足りん部分だ」
福田「エリート意識なんてなんの役にも立たん。生きるか死ぬかという試合が来た時、早々に心を折る手助けをするためだけのものだ」
（それを聞いた黒田「………」）
福田「淀みが必要なんだ。ユースの環境という整った清流に、イレギュラーなものがさ。葦人と阿久津は似てる。化学反応をもって、エスペリオンユースのためになる」（14巻143話）

ここでいう「セレクションの基準」とは、数多くの選手のなかでも光って見える「逆境をはね返す力を持った、クラブに不可欠な選手がほしい」です（127ページ参照）。このやりとりから読み取れる福田の視点は、「同質性が高いとグループ期にとどまりやすい」ということ。望が言うところの「黒田が最もユースらしい」とは、「この状況でどう判断するか」が誰よりもセオリーに忠実という意味でしょう。もしメンバーが純粋培養された内部昇格生ばかりの「清流」だと、セオリー通りでは解決が困難な逆境に陥ったときにみんな意見（判断＝価値基準×入力情報）が同じなので打開策が見出だせない（ジャイキリを起こせない）ということになります。そこで求められるのが、逆境をはね返すための「淀みとの化学反応」だと。化学反応とは「セオリー通りのAの選択肢がよい（清流）」という意見と「セオリーとは違うBの選択肢がよい（淀み）」という異なる意見をすり合わせて「Cというやり方が見つかった！」となることとです。そういう化学反応的な「ひらめき」を生み出すには、「整ったグループ（清流）」の状態になんらかの「異分子（淀み）」を掛け合わせてカオスをつくることが求められます。ただし、カオスの化学反応が激しすぎて破壊的になるとうまくいかないので、あくまでも「穏やかなカオス」を生み出すのがコツです。その「ひらめきを生み出す穏やかなカオスのつくり方」を公式で表わすと、こうなります。

穏やかなカオス＝余白×異分子×計画的偶然

①「穏やかなカオス」とは、空中分解してしまう「破壊的なカオス」とは違うし、凝り固まったことによる「穏やかな同調」とはもっと違う、という意味合いです。心理的柔軟性・心理的安全性をベースに建設的なすり合わせができる、わちゃわちゃした感じ。

ここで確認しておきたいことがあります。チームの成長ステージでいうと「穏やかな同調」はグループ期ですが、「破壊的なカオス」も同じくグループ期にあたることです。なぜか。「心理的安全性の壁」を越える前に対立・衝突をすることでバチバチになるのは、カオス期ではなく「グループ期でケンカしてるだけ」だからです。そこで筆者は、**グループ期のバチバチのカオスを「混乱」と呼び、カオス期の穏やかなカオスを「混沌」と呼び分けるようにしています**（この区別めちゃ重要）。

②「余白」とは、お題設計アプローチ的にいうと「一つの正解があるのではなく、考える余地（頭脳的余白）があること」。そもそも「お題に回答してもらう」というカタチ自体が「余白の設計」です。**余白にはほかにも、試行錯誤できるための経済的余白（お金）、時間的余白（ヒマ）、物理的余白（遊び場）、精神的余白（心理的柔軟性）といった要素があり**

ます。

③「異分子」は、同質性が高いことで固まってしまった状態（グループ体質）に、くずしやほぐしを入れる存在（カオス体質）。よそ者とか、変わり者のことです。異分子は少数派なので、ある程度の影響力を持っていることが求められます。福田がセレクションの価値基準として語った「逆境をはね返す力を持ち、数多くの受験生の中から這い上がってこられる選手は、本当に光って見える」というのが、多数派と化学反応を引き起こすための基準レベルと考えられます。

④「計画的偶然」とは、単なる偶然にまかせるのではなく、化学反応が起こりやすくなる環境をデザインすること。人と人との化学反応なんて指導者の思い通りに進むものでは

ひらめきを生み出す「穏やかなカオス」のつくり方

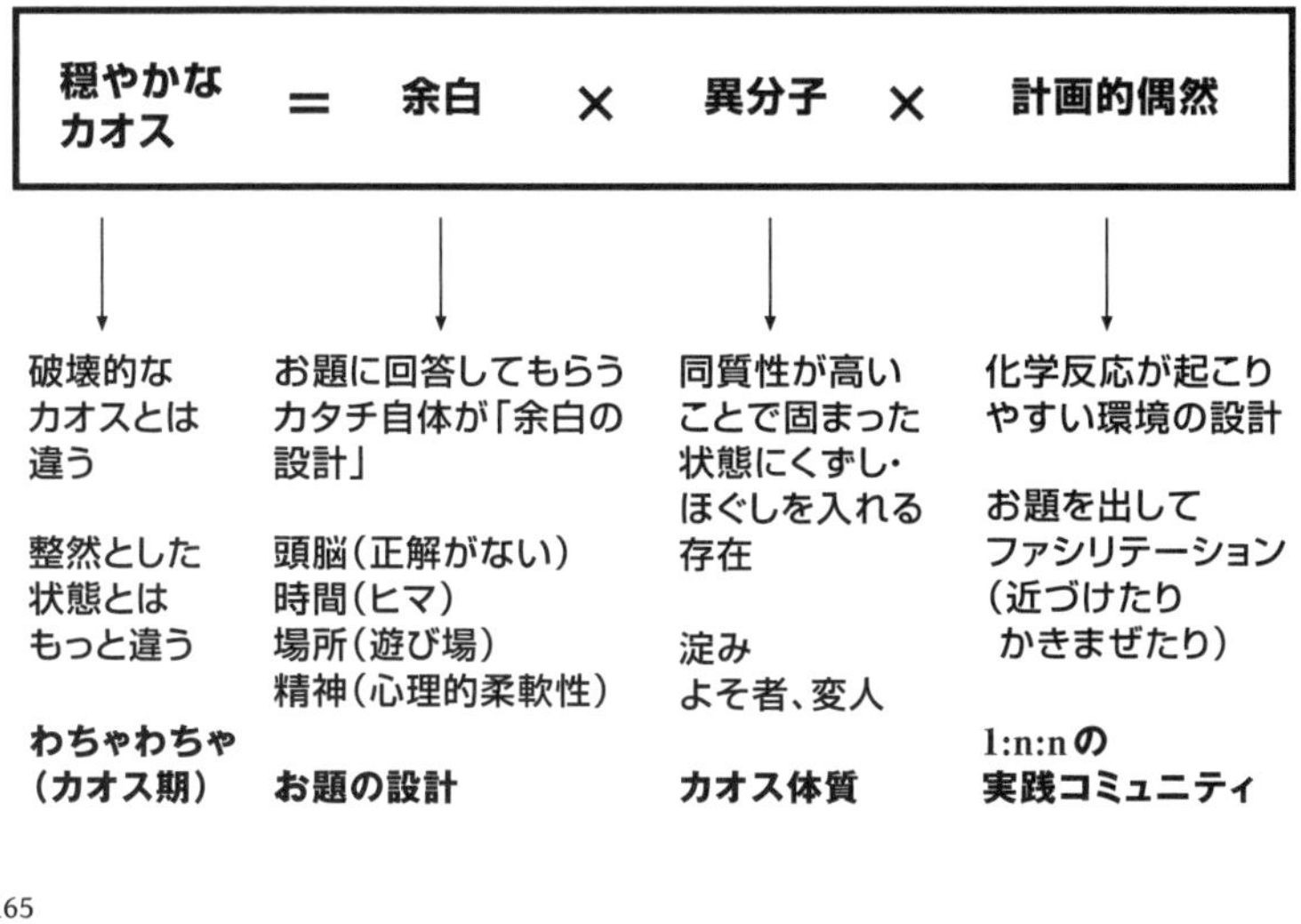

ないという意味で「偶然」ではあるのですが、可能な範囲でそんな偶然が起こりやすいようにお題を設計したり、進み具合いを見ながら必要に応じてメンバーを近づけたりかきまぜたりするファシリテーションをする（祈りを込めながら）。ちなみに、福田の流儀のなかで「計画的偶然」の設計として見逃せないポイントがあります。そのキーワードが「1対n対nの実践コミュニティ」です。（どゆこと？）

「学び合える場」をつくる（1対n対nの実践コミュニティ）

この本では、**答えを教えない「お題設計アプローチ」の達人が「個や組織の育成」を促すお題をどうデザインしているのかを深掘りしてきています**が、「お題そのものの設計」と並んで欠かせない要素が「環境の設計」としての「1対n対nの実践コミュニティ」です。イチタイエヌタイエヌ……このナゾな表現、一体どういうことなのでしょうか。

「なにかを教えるサービス」は世の中にたくさんありますが、その形態は大きく3つに分けられます。

①1対マス……教える側（発信者）が、不特定多数の人の集まったかたまり（マス）に向けて一方通行でコミュニケーションするカタチ。典型は、マスメディアです。誰が受信して

くれているかわからない（顔が見えない。受信者の個人情報を持っていない）。

②1対n……1対1が複数（n数）あるコミュニケーションのカタチ。典型は、オンラインの登録型コンテンツなど。双方向のコミュニケーションがとれると受信者の顔が見えるが、一方通行だと①と同様に顔が見えない（受信者の個人情報を持ってはいるものの活用しきれていない状態）。

③1対n対n……発信者と受信者が双方向であるのに加えて、受信者（学習者）同士もつながって学び合いのコミュニケーションをしているカタチ（今回のメイン）。**特に「n対n」がつながっているところが重要**なので、このカタチを「エヌエヌ」と呼ぶこともあります。

「1対n対n」のコミュニケーションの形をどれだけ増やせるか

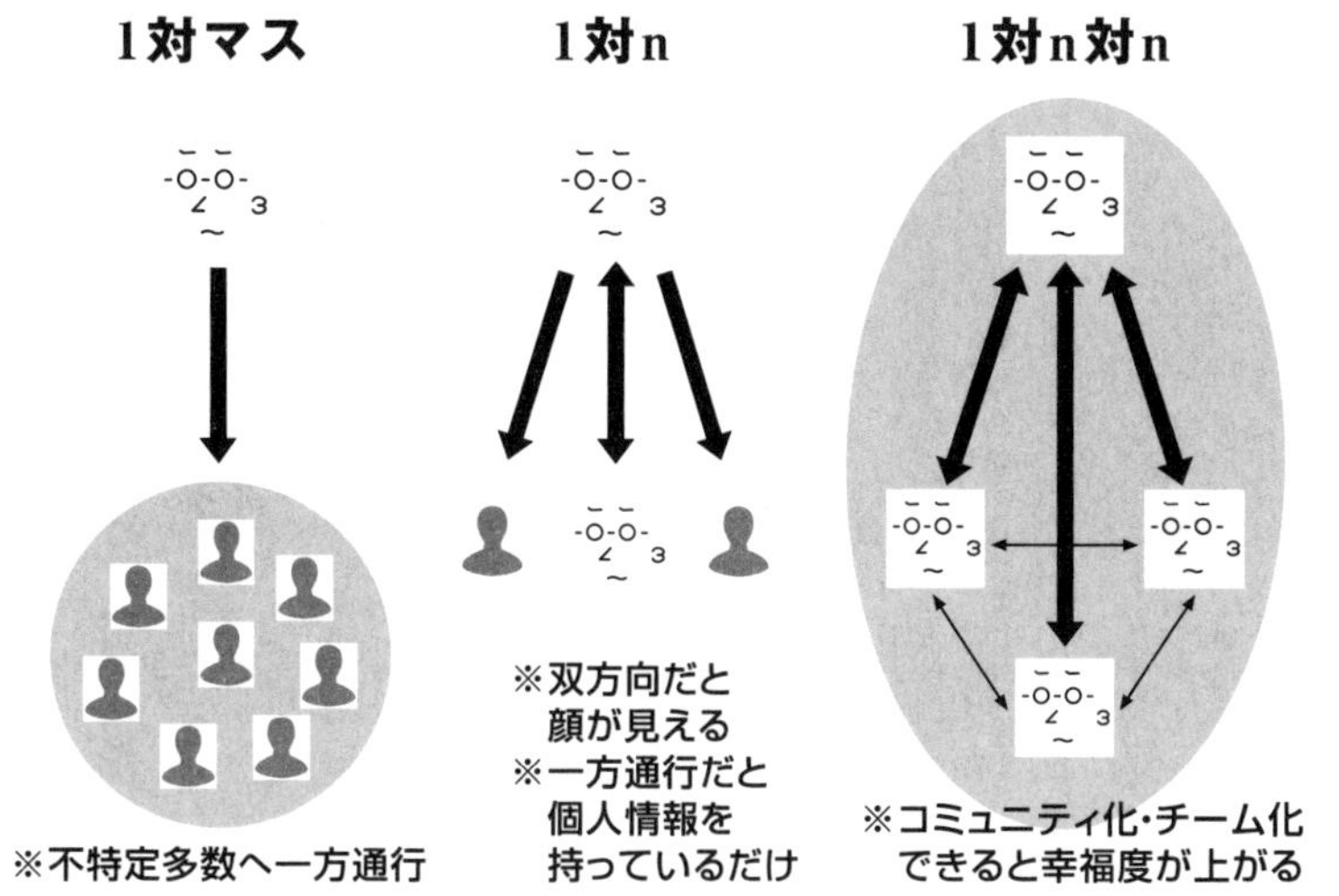

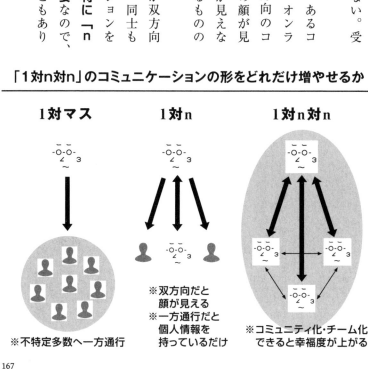

結論からいうと、福田をはじめとする**「何もしてない風」な教え方のキモは、「よいお題」と「メンバー同士のよい関係性（1対n対n）」の両方をつくることに尽きます。**福田のふるまい（ファシリテーション）によって、エスペリオンユースAチームの選手同士が「学び合えるコミュニティ」になっていったプロセスは「お題に取り組むための環境設計」の成果なのです。

前項で紹介した福田のコメント、「サブメンバー、頼むぜ。お前ら全員にかかっている。食らいついてこい！（略）」を受けて、サブメンバーたちにアンテナが立ち、変化し始めます。それぞれがプライドや対抗心でガッチガチになっていたところ、心理的柔軟性を得て、お互いに教えを請うアクションを取り始めました（ロープ練もその一環）。これによって、内部昇格生、スカウト生、セレクション生それぞれの間でも学び合いが進む「1対n対n」のカタチが生まれたわけです。

では、指導者と学習者が「1対n対n」型につながると何がよいのでしょうか。

伝統的アプローチでは、指導者と学習者の関係性は「1対n」型がメインといえます。この指導者が中心となるスタイルにはいくつか問題があります。まず、指導者のキャパシティが学習者の成長の限界になってしまうこと。どんなに優れた指導者でも、一人で多くの学習者に対応することは難しいです。学習者が増えると、指導者が一人ひとりに十分な時間をかけられなくなり、結果として学びの質が下がってしまいます。さらに、学習者同士の横のつながりがないと、「指導者から言われた通りやっているのに伸びない」という成長の壁にぶち当たったとき、学習者が一人で悶々と悩みがちです。そこでこじらせてしまうと「指導のしかたが悪い」と他責モードに陥ったり、必要以上に自信をなくして心が折れたりしやすくなります。また、学習者は指導者から教わることに集中しやすい反面、指導者の影響力が大きすぎると依存するカタチになりがちです。多くの場合、**指導者のほうが学習者より知識もスキルも圧倒的に高いので、気づかないうちに依存関係になってしまいます。**

これらの問題点を解決・解消できるのが「1対n対n」型です。

学習者同士の横のつながりがあると、他の学習者からいろいろなことを学べます。自分よりレベルの高い学習者からの学びが役立つのはもちろんなのですが、「同レベルの仲間との学び合い」がとても重要です。その中から**一人でも切磋琢磨できる関係の仲間ができると、自分が壁にぶち当たったり、意欲が下がったりしたときに「あいつがアがんばっているなら自分もやらなければ」と踏ん張りやすくなるからです**（ここ重要。レベルが違う人とは、そういう関係にはなりにくい)。

また、メンバーが多様で異なる強みや背景を持っているほど、化学反応によって大きな共創価値が生まれる可能性が高まります。さらに、学習者の人数が多くなった場合も、指導者がキャパオーバーになることなく、横のつながりによって全体の学びの総量を増やしていくことができます。

このような「1対n対n型の実践コミュニティ」をつくるためには、どうすればよいか。指導者が引っ張るのではなく、ファシリテーターへとスタイルを変えていくことが求められます。そこで次の章では「ファシリテーター型リーダーシップ」とは何かを考えていきましょう。

第4章
ファシリテーター型リーダーシップ

ここまでのところで、福田監督の「何もしてない風」な教え方のキモは「よいお題」と「メンバー同士が学び合える関係性（1対n対nの実践コミュニティ）」の両方をつくることに尽きる、という考え方に至りました。

それを実現するのが「指導者によるファシリテーション」です。そこで、この章では福田が何をどうファシリテーションしているのかを「時系列」で見ていきます。なぜ時系列なのか。それは「個や組織」はナマモノなので、その育成ファシリテーションは「どんなことが起こったときにどう考えて何をしたか。それによってどんな変化が起こったか。それを踏まえて何をしたか（以下ずっと続く）」という具体的な文脈が重要だからです。一つのシーンだけを切り取って「こんなときはこうすればよい」というわけにはいきません。

「ファシリテーション＝会議の進行スキル」ではない

そこでまずは「ファシリテーションって何？」から入ることにしましょう。

ファシリテーションは、一般的に「会議の進行スキル」として認識されることが多いですが、それだけにとどまるものではありません（もっと広くて深い）。そもそもファシリテート（動詞）は「促進する」とか「容易にする」という意味です。つまり「何をファシリテートするか」によって違ってきます。会議を円滑に進めるのは「会議ファシリテーション」ですし、チーム化を促進するのは「チームビルディングファシリテーション」、人や組織の自律自走を容易にするのは「自律自走ファシリテーション」です。とすれば、福田がやっているのは「お題設計アプローチ型」の「自律自走する個と組織の育成ファシリテーション」といったところでしょうか。その範囲は、「化学反応を起こせる選手集め」から「チーム化を促すお題設計」、それと並行して「個の成長支援」と「学び合える実践コミュニティ化」、さらには選手にとどまらない「コーチの成長支援（コーチのコーチ）」までを含みます（なんと広くて深いのか）。

もう一つ、福田が何をしているかを観察するときに持っておきたい視点があります。それが「愚者風リーダーシップ」です。

自律を促す「愚者風リーダーシップ」

リーダーシップのスタイルには**「賢者風」**と**「愚者風」**があります。

指導者が常に正解を持っているように振る舞い、学習者に具体的な指示や答えを与えるのが「賢者風」です。**伝統的アプローチでは、基本的に賢者風リーダーシップが理想とされて**

いいます。賢者風リーダーの典型が『アオアシ』に出てくる高校サッカー界の名将たち。柏大商業の杉浦監督や船橋学院の夏目監督、青森星蘭の成宮監督です。杉浦監督はカリスマ性のある鬼監督として有名で、選手はまともに話せないといいます。夏目監督は「勝つ策を与えよう」と言って「ゴール前、33番《アシト》に即クロスの選択肢はない。切り込んできたその瞬間を嵌めて取る。後半開始からトリポネと二原のポジションを逆に。ボールを散らしながら（アシトと逆サイドの）二原側で展開、つまり、できるだけ青井側のサイドを空けて攻撃を続けろ」と具体的な策を指示しました（これが大当たり）。成宮監督は「俺が、お前達を勝たせてやる」と言って自ら考えた戦術を選手ができるようになるまで徹底的に教え込む指導スタイルです（これも当たりまくり）。

ただ、そういったツヨツヨな賢者から教わっている人は、怖くて話しかけられないので言

杉浦監督

夏目監督

成宮監督

――本当に、
ワ――
ワ――
ワ――
第127話 圧をいなす
特別な
雰囲気
だよな、
ワ――
ワ――
高校
サッカーは。
あれだけの
人数が、
求心力ある監督の
もとで完全に
統制されてる。
それも、
サッカー以前の…
根幹から。

杉浦監督
軍隊、
とまでは
いかないが…
近いものが
あるよな。
高校サッカー
だけだ。
ここを抜けたら
二度と見れん
光景だ。
や、やっぱ
そんな、
独特な
もんすか。
日本だけだ
もんね。
一つのチームに
200名だもんな。
まあ、
束ねる監督も
すごいぜ。
杉浦監督…
高校サッカーでは
5指に入る名将。
柏商赴任前と
合わせて、
選手権制覇2回、
インターハイ
制覇2回。
鬼監督としても有名だ…
選手はまず　まともに
話せないってよ。
でも、それだけの
カリスマ、実績が
あるから強豪校
200名がついて
くるんだろ。
間違いなく
名将だ。

夏目監督
まだチームが成長できる。
それが、最高に嬉しい。
宜《よろ》しい。
今の君達ならば、
必ずやってくれる。
勝つ策を与えよう。
ゴール前、
33番《(アシト)》に即クロスの選択肢はない。
切り込んできたその瞬間を嵌《は》めて取る。
後半開始からトリポネと二原のポジションを逆に。
ボールを散らしながら(アシトと逆サイドの二原側で展開、
つまり、できるだけ青井側のサイドを空けて攻撃を続けろ。

成宮監督
ユースのエリート達に抜かれ――…
実力は伸び悩み、
挫折、悲しみ、そして自分に対する怒りを持った人間が多く集まっている。
そんな不器用な選手達に対して――…
俺が、
お前達を勝たせてやる。
お前達が二度と負けないための、
今この時、
この練習なのだ。
聞き逃すな。
ここしかない。

われたことをひたすらやるだけだったり、困ったら「自分はどうしたらよいですか？」と聞きに行けば解決してしまうので、いつの間にか依存してしまって自律自走とは逆に進んでしまう可能性があります。

そんなわけで、依存されないための道が「愚者風」なのです。**愚者風の指導者は「完璧なリーダー」を演じようとするのではなく、自分の弱さや無知を隠しません**（ヨワヨワ）。愚者風の人はこんな感じです。

- **「全部わかってます」なんて言わない。よく「わかんない」って言う。**
- **わかんないので、「どう思う？」「他にアイデアある？」とか聞いてみる。**
- **失敗を恐れない。失敗したら「これを活かして次はどうする？」って前向きに考える。**
- **マウント（権力・優越的地位を示すこと）はせず、学習者とフラットな関係性を築く。**
- **「世界一になる」など大きなことを言って、まわりの人から「そんなの無理だろ」とバカにされる。**

一例として、エスペリオンユースのセレクションのシーンをみてみましょう（1巻3話）。

「セレクションでは誰も獲らない可能性も高い」と言った福田に、アシトが「そんなん聞いてねーぞ」と異議を申し立て、緊迫した空気になります。そこで福田が発した言葉は……

「あ、ホントだ。説明した覚えがナイ。忘れてたよ葦人。あの時あんま時間なかったもんなー。スマンスマン」。その愚者っぷりに面食らったアシトは、チラッと福田の足元を見て、「サ…サンダル!! こ…こんな変なオッチャンに監督やらせてるチーム… やっぱマトモじゃねーんか!?」と困惑します。そもそも福田は、髪もボサボサで不精ヒゲです。服装も、ほかのコーチたちが公式のトレーニングウェアなのに、よれたTシャツにジーンズ。見た目も言動も賢者感はないわけです。ちなみに、現役時代の福田は、見た目も言動もまったく違います。キラッキラでキレッキレのスター選手。プレーにも賢者風の香りがただよっています。**おそらく指導者になってからどこかのタイミングで、賢者風ではなく愚者風がうまくいくと気づいて、それから愚者の演出をするようになったのではないでしょうか**（憶測）。そんな福田と対照的なのが、望コーチです。いつもビシッとしています。福田のようにユルい絵になることもありません。賢者風です。

現役ん時よりツラがくたびれすぎてるからわからなかったぜ…!!
カッコよかったのに…
ボサーー…

小6のとき冨樫が見た福田監督（9巻89話）

なお、『アオアシ』で圧倒的な愚者風キャラがいます。大友選手です（ユルい絵の顔がめっちゃ多い）。マンガ読者であればめっちゃしっくりくるはず。そんな視点を持ちながら、福田が何をしているのかを追ってみたいと思います。

第3話 不可欠な光

このユース入団試験《セレクション》、
誰も獲らない可能性も高い。
へっ？
そんなん聞いてねーぞ！福田のオッチャン！
オッチャン!? なんじゃ その口の利き方は!?
サッカー以前に礼儀は ちゃんとせい！
入団試験《セレクション》 誘ってきたのそっちだろ！なんでそんな大事なこと黙ってたんだ？
だぁってよお…

1

こんなに いっぱい 入りたいってやつ 来てんだぜ？
いくらなんでも、誰も獲らんなんて おかしいやないか。
みんなは知ってたんか？ ほれ、なんか言うか？
さっ このコーン 拡声器がわりに
は、はぁ!?
第3話 不可欠な光

2

ふ…
福田監督…

あ、ホントだ。
説明した覚えがナイ。
忘れてたよ葦人《アシト》。
あの時あんまり時間なかったもんなー。
スマンスマン。
……
イラ
サ…
サンダル!!
こ…こんな変なオッチャンに監督やらせてるチーム…
ふむー
やっぱマトモじゃねーんか!?
そうやだいたい…
監督とコーチ、たった これだけの人数で…
ぜんぶ合わせて10人くらい…
80何名の受験生、1日でちゃんと見れるんか!?

セレクションで福田が出したお題は「セレクション参加者（中３）vs.エスペリオンユース（高１中心のＢチーム）」の紅白戦でした（２巻８話）。開始前、福田はセレクション組に対して、「試合中、どこかのタイミングで、俺はお前らにあることを言う」と伝えます。開始早々、意外にもセレクション組が立て続けにチャンスをつくり、手応えを感じる受験生たち。ユース組は、プレーが止まるたびに選手同士で真剣に話し合いをし、前半の早めのタイミングで「ＯＫ」「大丈夫」「たぶんいけます」と手を挙げ合いました。そこから急に連動性が高まり、圧倒的なパフォーマンスを見せるユース組。後半残り10分、ユースが２対０でリードしているタイミングで福田が言いました。「あー…受験生に告ぐ。この試験《ゲーム》において俺は、ユース生にあるハンデを課している。ユース生は…ポジションをコンバートしている。…あー…コンバートって意味わかんねぇかな？　つまり、ふだんＦＷの選手はＤＦを、ＤＦはＦＷを、攻撃型ＭＦは守備型ＭＦやＤＦを、守備型ＭＦは攻撃型ＭＦやＦＷを、ＧＫ《ゴールキーパー》以外、一度もやったことがない、またはほとんど経験のないポジションでプレーしてもらっている。セレクション生とただ試合をするというのでは、ユース生にメリットがない。ユース生には課題を持ってこの試合に取り組んでもらっている。まあ、そういうことだ」。それを聞いてショックを受けたセレクション組は、立て続けに２失点。心が折れる選手がほとんどの中、気を吐いたアシトを中心に３人の連携で１点を返しました。

試合後の最終面接で、アシトから「なんでユースにポジション…コンバートなんてさせてたんだ？　やっぱり単なるハンデってだけじゃ…」と質問された福田は、お題設計の思考プロセスについてこう語りました。「一つにはあいつらの練習のためさ。今日のメンバーに計画を伝えたのは1週間前だ。——『受験生と、未経験のポジションで試合をする。その上で内容で圧倒しろ』。あいつらにとっても相当のプレッシャーだったはずだ。この1週間、徹底的にあいつらは考えた。コーチと話す、チームメートと話す。自ら研究する。それこそ思考力をフル活用。おかげで…攻撃の選手が守備のことを、守備の選手が攻撃のことを、こんなに真剣に考えた1週間はなかったろう。控えのあいつらには重要な訓練になったろうよ。そして一番は受験生について。心理的に追い詰められた時の、逆境での思考力——あと、どうしてもメンタルを見たかった。Jユースに今、最も必要なものさ」。

福田はユース組にハンデを課すことで、①セレクション組へのお題の難易度を下げつつ、②逆境をはね返せる選手を見つけやすくしながら、③ユース組に対して「他者の視座理解」の学びを促すためのお題を設計していたわけです（一石三鳥ですごい）。

次、いきましょう。入団式で、スカウト生の冨樫が遅刻した上に、暴走族の仲間に送られてきたことを知った保護者たちがざわついている状況でのこと（3巻26話）。空気を読んだ望コーチが福田を紹介します。「――監督の福田は、育成という分野において、一線級の評価を得ている人間です。彼の評判を聞いて、『福田監督にどうしても教えを受けたい』そう思ってエスペリオンを目指す少年も大変多いのです。そんな福田が常々言う言葉として――『思いどおりに動く選手など要らない。世界へ出るには、俺の想像など簡単に超えていける選手が、必須』――そんなわけなのでね。どうしても福田が直接声をかける選手というのは、一筋縄ではいかない、変わった人間が多くなる。――けれども、そういった選手こそ、ユースのトップチームで周りを牽引する立派な選手に育っている例が多いのです。福田のやり方を長年そばで見ていて私は実感しています。育成とは、常識にとらわれないこと。そして大変に長い目が必要なのだと」（なんて賢者風のフォロー!!）。場が落ち着いて空気が変わったところで、望が「さァ、お待たせしました。それでは福田監督、どうぞ」と振りますが、愚者風な表情（ユルい絵）の福田はものすごく迷惑そうにしています。おそらく、愚者風でやろうとしてるのに、望が福田のことを賢者感満載で紹介してしまったので「いらんことしてくれたなー」と思っている気がします（表情的に）。そしてこう言いました。「……あー……　……よし。紅白戦やろ？　新入団生だけで」。

偉そうなことは話さないし、話し始めるまで「あー…」とか沈黙の間があって、賢者風プレゼンテーションの基準からすると全然ダメそうです。これはきっと、望がつくった賢者風

福田のやり方を長年そばで見ていて私は実感しています。
育成とは、常識にとらわれないこと。
そして、大変に長い目が必要なのだと。
さァ、
お待たせしました。
それでは福田監督、どうぞ。
……
お、おお…
すげぇ
これで福田カントク…話しやすくなったぞ。
……

あー…
……
よし。
東京CEユ
入団式
紅白戦やろ♬
新入団生だけで。

の流れをどう変えようか考えているのが「……」や「あー…」の間になっていると思われます（愚者風にもっていくために脳みそフル回転中）。

その準備の時間で、育成部長が福田に「いきなり紅白戦とは驚いたぞ」と言います。望は「――私は反対だ。チームにも環境にも慣れていない中で、いきなり試合なんぞ」と。それに対して福田は「今年の入団生は、仲良くなるのに時間がかかるかもしれん。ならさっさとサッカーしたらいいんだ。あいつらにとってそれ以上の自己紹介はない」と答えました。おそらく福田は、冨樫やアシトらの異分子と内部昇格生の価値観のギャップの大きさからして、心理的安全性が育まれるまでにひと悶着《もんちゃく》もふた悶着もあることを想定している気がします。そして、どうなるかはやってみないとわからないから、さっさとやってみよう、と。決して**「統制を効かせ、選手を思い通りにコントロールして育てよう」などとは思っていない**のがわかります（実際に紅白戦で早速、混乱が起こる）。さらに、福田はユースの上級生に対して、クラブハウスの2階から新入団生の紅白戦を観るようお題を出していました。しかもただ観戦するのではなく、上級生全員で解説し合い、意見をぶつけ合えと。そうしながら新入生のクセを見ろというお題です（またもや一石二鳥とか三鳥のお題設計）（4巻34話）。

次、いきましょう。AチームとBチーム、初の合同練習シーン（5巻41話）。福田が出したお題は「11人対21人」でした。Bチームが11人で攻めるところから。21人のAチームにわらわらと迫られてバックパスをしたところで、「おーい、バックパスすんな1年ー。露骨なバックパス禁止ー」という制約条件を追加します。たいした学びを得ることもなく、あえなく負けるBチーム。からの交代で、Aチーム11人、Bチーム21人が始まると……人数が少ないAチームにあっさり連続失点してし

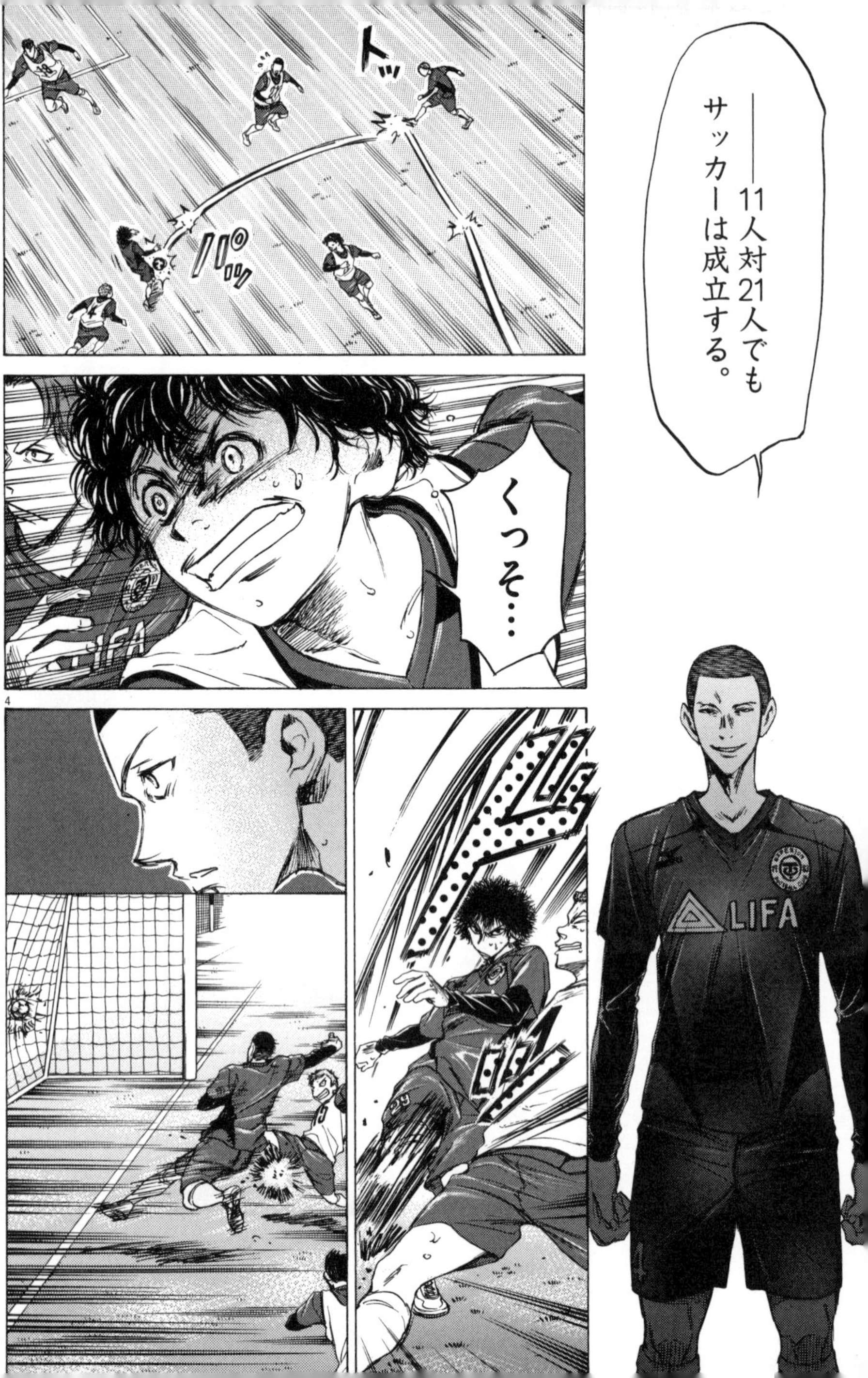
――11人対21人でもサッカーは成立する。
トッ
くっそ…

ど、
どうなってんだよこりゃあ！
こっちは21人だぞ！
Aチーム《1軍》より10人も多いんだ…
なのに、1点どころか2点も奪われるなんて…!!
5
Aチームと、技術もフィジカルも大きな開きがあるのはわかってる。
……でも、
うまく言えないけど、今日はそれ以前の問題なんだ！
理由はわからない…けど 手玉に取られてる。
人数云々の話じゃないってことか…？

まうBチーム。

おそらく福田の意図としては、「グループ期の21人」より「チーム期の11人」のほうがパフォーマンスが高いことを体感してもらうためでしょう。そうやって「理想」を示すことで、Bチームのメンバーが現実とのギャップに気づき、「どうなってるんだ？」とアンテナが立つわけです。実際、それぞれの選手の思考がめぐり始めるきっかけになっています。もし単純にAチーム対Bチームで紅白戦をやったら、当然のように圧倒的な差がついて、Bチームのメンバーも「なぜだ……」とはならないでしょう（自信をなくすだけ）。そこで、あえてサッカーの常識ではやらない「11人対21人」という設定にすることで、「なぜこんなことが起こるの？」とギモンがわきやすくしていると考えられえます。1章でやった「つかみ力」の強いお題設計というやつです（56ページ参照）。

「教えすぎ問題」と「教えなさすぎ問題」

福田は、Bチームの指導を望コーチに任せています。Bチームの1年生が「11人対21人」でグループ期のままバチバチしている混乱状態を見たあとで、望は福田とこんなやりとりをします（5巻46話）。

望「――前にも言ったが、今年の1年は仲良くなるのに時間がかかるかもしれん」
福田「個性が強いのが多すぎるもんな――…」
望「『昇格生とそれ以外』がハッキリ別れてる。意識の高い昇格生達と、くだけた雰囲気の青井達…　悪い意味でかみ合ってない。だが来週はBチーム《2軍》の公式戦だ！　最低限の協力はしてもらいたい。特に青井だ。本当にこれでよかったのか？　福田、お前の意志を汲んだ教え方で当たってるが…　まだまだ基礎から教えんといけないレベルだ。ユースに彼がいることに、納得できていない者も多いだろう。一刻も早く成長すべきだ。もっと直接的なアドバイスを…」
福田「ダメだ。望。それはお前が楽ってだけだ。正解をさっさと伝えるなんて、指導者の怠慢さ。考えさせることに――…　意義がある」
望「…青井の件は特に、デリケートだ。福田、すべてがお前の言う通りになればいいが…」
福田「Bチームでいる間は望、お前にかかっている。来週のスタメン表も自由に決めてくれ。ただ忘れるな。選手を生かすも殺すも指導者次第だ」
望「……」
福田「大丈夫さ、葦人の野郎は――遠回りでも必ず答えにたどり着くさ」

そしてBチームのリーグ初戦の試合前、スタメンに入ったアシトに、福田はこう言葉をかけます。

福田「アシト！　どうだ今日、勝てそうか？」
アシト「こんなに考えなきゃいけない試合は初めてだ。チエ熱が出そうだ。でも勝つ！」
福田「…どうやって？」
アシト「俺が点を獲る」
福田「…当たり前のことを一つだけ言わせてくれ。サッカーは一人では何もできない。思ってる以上にな。だからこそ、あんなにも楽しい」

福田は「自分が点を取ることばかり考えているとうまくいかないぞ」と、前もっては言わないわけです。あくまでも、アシト本人が試行錯誤してギャップを感じたときに、ヒントになるであろう視点を伝えるだけ。福田の価値観である**「自分でつかんだ答えなら、一生忘れない」の実践**です。それが見て取れる別のシーンが、リーグ2試合目の久留米第一戦。0対0のハーフタイムで福田はこう言います。「――指揮は望に任せている。――なので、このハーフタイム中の俺の話は、一つだけ。——お前ら、なんでプレー中にベンチを見るんだ？特に、大きいプレーに自分が絡んだあと…　チラチラやたらと目が合う。俺や望の顔に…何かあるのか？　Aチーム《1軍》行きがかかってるこの試合で——…　自分のプレーが『正解』だったか…変なミスをして怒られやしないか。試合中そんなことを考えているのか？　監督と試合をしているのか？　お前らの敵は前にいる。忘れるな。お前らに与えたポジションは、お前らだけのもんだ」。すなわち「正解を探そうとしてはいけない。自分の答え（回答）を出せ」というメッセージです。なぜなら、指導者に正解を求めるのは依存的なふるまいであり、自律自走にはつながらないから。その言葉を聞いたアシトはこう感じます。「…なんか、みんなすげえ落ち着いたな…急に。……俺は別にベンチなんか見てなかったが（見てどうすんじゃ）」。アシトの異分子的な側面が出ているシーンです。

　このように**愚者風は、「口を出さずひたすら見守る」のとは違います。NG行為や好ましくない態度を取っている人がいたら、流されることなく毅然とした態度で介入します。**ここは「何もしてない風」の初学者が間違いやすいところです。「口を出してはいけない」という意識が強すぎて、ガマンしながら見守ろうとするもイライラが募り、限界を超えたときに反動でブチ切れる、みたいなのは「何もしてない風」と「何もしない」の区別がついていないのが原因です。

…選手に任せたい。
戦うのは選手だ…
選手がフィールドで気付き、話し合い、自分で解決することが理想なんだ。
我々は手ほどきをするだけ。
それがこの育成…ユースという場所なんだ。
「ティーチング」と「コーチング」の違いってやつだな。
育成の現場では「ティーチング」と「コーチング」2つの指導方法を使いわける。
ティーチングとは……
「選手に答えを教えてあげること」
あそこフリーだ!
あそこにパス出せ!
指導者
はい
コーチングとは……
「選手に考えさせ、答えを判断させること。」
あそこフリーだったね。
どうすればよかった?
指導者
パス!
「コーチング」だけで選手を導く。
そうだとも
望…
それが理想だ。
だけどお前…ちょっと、
言わなさすぎだなあ。
決して逃げるな!
ダイレクト・サッカーを徹底しろ!
青井!
朝利!
あの時も、
ああやって直接指示することが正しかったのか…
わからん。
選手が育つために、
何をすべきなのか…
悩むばかりだ。

私は お前のように 強くないからな、福田。
――選手達は 未熟だ。
望。
そして――…
俺達も 未熟だ。

監督は神様にはなれない。
だから…もっと肩の力 抜いてやってくれ。
言いたいことがあれば、言えばいいじゃないか。
このチームは望、
みんなお前を頼りにしてる。
監督が慕われている…いいチームだ。
お前のチームだ、望。
頼むぜ。

次、いきましょう。8戦目の武蔵野戦、1対2とリードを許したハーフタイム。試合を観に来ていた福田が「望。ミーティングの前に、ちょっといいか？」と声をかけます（11巻106話）。

福田「どうするつもりだ、望？　お前じゃなきゃ立て直せないぜ」
望「…選手に任せたい。戦うのは選手だ…　選手がフィールドで気付き、話し合い、自分で解決することが理想なんだ。我々は手ほどきをするだけ。それがこの育成…ユースという場所なんだ」
福田「『ティーチング』と『コーチング』の違いってやつだな。『コーチング』だけで選手を導く。そうだとも望…それが理想だ。だけどお前…　ちょっと、言わなさすぎだなあ」
望「あの時も、ああやって直接指示することが正しかったのか…わからん（※アシトと朝利に「決して逃げるな！　ダイレクトサッカーを徹底しろ！」と指示したこと）。選手が育つために、何をすべきなのか…悩むばかりだ。私はお前のように強くないからな、福田」
福田「――選手達は未熟だ。望。そして――…　俺達も未熟だ」
（望、驚いた表情）
福田「監督は神様にはなれない。だから…もっと肩の力抜いてやってくれ。言いたいことがあれば、言えばいいじゃないか。このチームは望、みんなお前を頼りにしてる。監督が慕われている…いいチームだ。お前のチームだ、望。頼むぜ」

ああ、このシーン好き。

福田は以前、望に「正解をさっさと伝えるなんて、指導者の怠慢さ。考えさせることに意義がある」と言っていたのに、ここでは真逆とも思える「お前… ちょっと、言わなさすぎだなあ」と言い放っているところがたまりません。また、賢者風の望は、福田が「真の賢者」であることはわかっています。その福田が「俺達も未熟だ」と言ったことに、口が開いちゃうほど衝撃を受けました。福田の愚者風コメントにそこまで驚くということは、おそらく望は「愚者風リーダーシップ」というものがあることに気づいていないと思われます。

このやりとりから考えたいのが、**「教えすぎ問題」**と**「教えなさすぎ問題」**です。

この二つの問題は一見正反対のようですが、どちらも学習者の成長を阻害する可能性がある点で共通します。「教えすぎ問題」とは、指導者が必要以上に情報や指示を与えてしまうことです。それによって、次のような弊害が起こります。

- **依存心の助長……「答えください」となっちゃう。**
- **創造性の抑制……考えなくていいから楽。そのうち考えるのが面倒に。**

・主体性の喪失……うまくいかなかったら「指示がよくなかったせい」。
・適応力の欠如……教わってない状況や変化には対応できなくなっちゃう。

一方、「教えなさすぎ問題」は、必要な指導や支援が不足している状態です。それによって、次のような弊害が起こります。

・方向性の喪失……なんのためにやっているのかわからなくなる。
・学習効率の低下……ムダに悩む時間やムダな試行錯誤が増える。
・挫折感の増大……疲弊して踏ん張りが効かなくなり、心が折れやすくなる。
・誤解の定着……変な知見を得たり、変なクセがついたりする。

「はじめに」で書いたように、多くの人は、**よかれと思って教えていたら「教えすぎ問題」にぶち当たり、そこから探索して「教えすぎてはいけない」という教えに出合います。しかし、今度はうまくできず「教えなさすぎ問題」にぶち当たるわけです。**

この二つの問題の間でバランスを取るにはどうしたらよいでしょうか。

そこで求められるものこそが**「お題設計」**の考え方です。

「教えなさすぎ問題」にハマっている人は、自分の中に正解があることを「どう思う？　自分で考えてごらん」などと言って、学習者が出した答えに「違う！」と言ってイライラしてしまいます。そんな場合はどうするか。

自分が正解だと思っていることは「お題の制約条件」にすることです。たとえば、「自分のポジション以外の選手が見えているもの（入力情報）や価値基準を理解することが大事」という正解を持っている場合に、「自分のポジション以外の選手が何を考えているかを知れ。ＦＷはこうで、ＭＦはこうで、ＤＦは……」と説明してしまうのが「教えすぎ」。一方、「なぜあの選手が怒ったのかを考えろ」と指示するも、言われた側の学習者がピンときていないのが「教えなさすぎ」です。

そこで、自分の中での正解を制約条件にします。福田がユース組に出したお題「セレクション受験生と試合をしてください。ただし、全員未経験のポジションでプレーすること。その上で内容で圧倒すること」がよい例です。そうすれば、自分で教え込まなくても選手は気づきと学びを得られるし、「なんでほかの選手の視点や価値基準を理解しようとしないのか。早く気づけよ」とモヤモヤ、イライラする必要もなくなります。**自分に正解があることは、問いにしてはいけないのです。**

その点、望はまだお題設計がうまくできていない部分があります。さっき引用した、

…よく考えろ。
なぜ、
黒田《くろだ》と朝利はお前に怒りをぶつけてきたのか？
21人もいたメンバーの中で、
なぜ あの二人だけが怒ったのか？答えを見つけてこい。
これがお前の、
次の課題だ。

望「特に青井だ。本当にこれでよかったのか？　福田、お前の意志を汲んだ教え方で当たってるが…　まだまだ基礎から教えんといけないレベルだ。ユースに彼がいることに、納得できていない者も多いだろう。一刻も早く成長すべきだ。もっと直接的なアドバイスを…」

というセリフの「お前の意志を汲んだ教え方で当たってるが…」とは、「11人対21人」でのことです。アシトがチームメイトに「当たり前のことをやろう」と言うも、昇格生の黒田と朝利が思う「当たり前」とズレていたために、黒田から「馬鹿野郎！　当たり前のことが何かもわかってないじゃないか!!!」と怒りをぶつけられます。それを踏まえて、望はアシトに「なぜ21人いる中で黒田と朝利の二人だけが怒ったのか、答えを見つけてこい」という問いを与えました。それは同じラインを形成する3人でボールを運ぶ「トライアングル」という視点が大事、ということに気づかせようとするものです。

しかし、アシトはそもそも「ライン」や「トライアングル」という視点を知らないので、いくら自分で考えても全然わかりません。その結果、10日間考え続けて「わからん！」としかならなかったわけです（113ページ参照）。その意味で、「なぜ21人いる中で黒田と朝利の二人だけが怒ったのか、答えを見つけてこい」という望の問い（お題）には改善の余地があるかもしれません。自分に正解があることを問うている点と、いまのアシトにとっては難易度が高すぎる点です。それが福田の言う「言わなさすぎだなあ」に通じているのではないかなと。もし望コーチが「自分のなかの正解は制約条件にする」という視点を持っていたとすれば、「左サイド（の３人）だけで攻めること」みたいに、お題の出し方は違ってくると思われます。

そうやって考えると、やっぱり福田のお題はよくできているわけです。ここで重要なところ、もう一度言っておきます。

自分が正解だと思っていることは「問い」にせず、「お題の制約条件」にする！

「よいお題」とは何か

「教えすぎず、かつ教えなさすぎない」という姿勢は、まさに「愚者風リーダーシップ」の本質を表わしています。学習者を自分であれこれコントロールしようとするのではなく、自然に気づきが促されるようにお題をチューニングするわけです。そこで「よいお題とは」について考えてみましょう。

アシトたちがAチームに加わってからは、福田が指導者です。

前述の「強いチームの最大の条件を知っているか。サブも強いことだ」という選手をハッとさせるコメントから始まり、ロープ練での1年生ディフェンダー4人の横連携の成長、東京VANS戦でその4人の縦の連携がうまくいかず混乱、そこからの「嵌めてこい」というお題、とエピソードが続いていきます。

その「嵌める」がうまくできるようになったのを見た望コーチが言いました（16巻163話）。

望「戦術がハマる瞬間てあるよな。福田。今がまさにそれだ。お前はいつもここぞという時に施す。戦術が何倍にも選手間に浸透するようなタイミングで…計算通りにな。『ボールを預けろ』『積極的にコーチングしろ』　私だったら試合前に言ってしまうだろう。高い理想を掲げて…」

福田「……サッカーをするのは人間だからな。例えば、前半の段階で今のように1年生が積極的にコーチングをしても、元からいるAの人間は思うだろう。『それは本当に正しいコーチングか？』『今日デビューの1年生を信用していいのか？』　プロを目指す前に一人の人間、しかも高校生だ。たぶんそうなったと思う。葦人達はまずチームの信用を得る必要があった。懸命にやったよ…前半から4人とも。及第点なんてもんじゃない。あそこまで迷い

前半を通じて、
未熟な1年達は急激にチームの一員として認められていった。
俺は、この試合が終わるまでに そこにたどり着けたらと思ってたよ。
だから望《のぞみ》ィ…計算通りなんかじゃやねえぜ。
あいつらは、想像を超えてくれたんだよ！
選んでくれて、
本当にありがとうございます。
出られてよかった。
プレミアリーグ…!!
………
今のこいつらなら、
もう ひと段階いけると思った。
だから急きょ、あの戦術を伝えた。

なく練習通りのことをぶつけてくるとは思わなかった。秋山と小早川のフォローも素晴らしかったが、とにかく4人がよくやった。前半を通じて、未熟な1年達は急激にチームの一員として認められていった。俺は、この試合が終わるまでに　そこにたどり着けたらと思ってたよ。だから望ィ…計算通りなんかじゃねえぜ。あいつらは、想像を超えてきてくれたんだよ！　今のこいつらなら、もう　ひと段階いけると思った。だから急きょ、あの戦術を伝え

た。今日という日は、素晴らしいな、望」

このシーン、好きすぎます……。

伝統的アプローチでは、教えた通りにできるようになるだけなので、指導者の想像を超えてくることはありません。なんなら、自分の想定と違うことをやる人には「違う」と指導しちゃったりする。**それに対して、お題設計アプローチの愚者風ファシリテーターからすると、自分の想像を超えてくる人をいかに増やせるかが目的であり、その実現こそが最大のごほうびなのです。**そのためには「いかによいお題をつくれるか」が問われます。

よいお題（1）——イノベーションが起こりやすいお題

「よいお題」とは何か。

この問いを考えるときには、3つの切り口があります。まず「イノベーションが起こりやすいお題とは」です。イノベーションとは、新しいアイデアで大きな価値や変化を生み出すこと。この原稿を書いている時点では、ビジネスの世界で数年にわたって「イノベーションが大事！」と言われてきています（でもなかなかうまくいってない）。その点、「嵌める」

ができるようになったエスペリオンユースには「イノベーションが起こった」と言ってよいでしょう。では、イノベーションが起こりやすいお題の条件とは何か。それは目標が、

いまのままのやり方だと絶対に達成できないこと

です。なぜなら、ちょっと無理をしてがんばれば達成できそうな目標だったら、イノベーションが起こる必要はないから。そう考えると、出題者側としては、ちょっとずつ難易度を上げればよいとは限らないことになります（ここがむずかしいし面白いところ）。これがうまくできれば「想像を超える成長」を見ることができるのです。

ちょっとイメージしにくいかもしれないので、ひとつヒントになりそうなハナシをしたいと思います。筆者はたまたま転職して入った20人の会社が、数年で数千人（20年で3万人）になる体験をしました。そこで起こったのが……最初に「これやって」と言われた目標が「え、無理じゃない？」と思うような高さで、でも試行錯誤しながら工夫するうちになんとか達成できた、という成功体験を得ました。すると次に、難易度が上がったお題（また無理っぽいやつ）が出て、また試行錯誤するうちになんとか達成。するとさらに難易度が上がった無理っぽいお題が……という繰り返しなのですが、最初は「無理じゃない？」と思っ

たことを3回達成できたという体験をすると、もう次から「何を言われてもできるかもしれない」と思えるようになってしまって、お題が出たら「ま、やってみますか」となるわけです。そこに新入社員がきて、一回目のお題を聞いて「え、無理じゃない？」と言うのですが、すでに多数派になっているまわりの人（3回成功体験した人）たちが「ま、やってみますか」とわちゃわちゃし始め、その流れに巻き込まれるうちに新人が「できた！」という1回目の成功体験を積みます。それが3回繰り返されると、その人はもう「え、無理じゃない？」と言う新入社員に「ま、やってみますか」と言う側になっていく。**これが「イノベーションを起こし続ける組織文化」ができていくプロセスでした。どんなお題がきても「できる気がする」「できる気しかしない」という意識を共有している状態になっていったのです**（この体験は筆者にとって最高レベルの学び）。アシトでいえば、コントロールオリエンタードのお題が1回目の「無理じゃない？」から「できた！」の成功体験といえます。

なお、エスペリオンのように、毎年メンバーが卒業・入学して入れ替わっていく集団だと、培ったものが承継されていかず、「毎回新たにやり直し」となりがちですが、「組織文化」になるまで貫き通すと、メンバーが入れ替わっても変わらなくなります。言い換えれば「ウチのチームはこういう（高い目標の）制約条件でお題をやってるから」というのが「当たり前」になった状態です。この環境をつくるのが「組織文化醸成ファシリテーター」の腕の見せどころだと思っています。

よいお題（2）――カオス期（集団的試行錯誤）になりやすいお題

「よいお題とは」の2つ目の視点は「チームビルディング的に、カオス期（集団的試行錯誤）になりやすいお題とは」です。逆から考えると、グループ期にとどまりやすいのは次の3つ。

- **誰かが「答え知ってる」と言ったとき（その人に答えを聞いてやるだけになる）**。
- **最初から役割分担がハッキリしすぎているとき（仕事の押しつけ合いになる）**。
- **一人が無双すれば達成できてしまうとき（その人におまかせになる）**。

したがって、「チーム化を促すお題」の設計としては、

- **誰も未経験で、やり方も、できるかどうかもわからない（未知のチャレンジにする）**。
- **みんなで協力せざるを得ない（いきなり分業はできないようにする）**。
- **パズルのピースが大きすぎる人を混ぜないメンバー構成にする（サイズをそろえる）**。

という点を押さえることが大事になります。ここは2章・3章で詳しく扱ったところです。

迷ったら、栗林にパスを。
え!
あ、え、桐木《きりき》さん!?
お前 いっぱいいっぱいだろ、今。
迷ったら栗林を探してパスしろ。
もう、それでいい。
柏、ロングスローからゴール前…
キーパー抑えた!
戻れ!
絶対に点は入れさせるな!!

一つ補足すると、3つ目の「サイズをそろえる」という点でいえば、エスペリオンユースAチームでは絶対的エースの栗林選手がトップチーム帯同のため不在がちなのが、実はみんなのチーム化を促す要素になっています。栗林がいると「迷ったら栗林にパスを」と依存してしまうわけです。

ここまでのあたりで、読者のなかには「ビジネスの仕事で『みんなで協力せざるを得ない』ってどうすればよいの？　ロープでつなぐわけにはいかないんですけど」と思う人がいるかもしれませんが、やりようはあります。たとえば3人のプロジェクトで、**「今日中にこの10個のタスクを完了してください。ただし、帰る時間は全員同じにすること」のような制約条件をつければ、協力が始まるはず。**物理的につなげなくても、概念的につなぐことができるのです。ほかにも、チームの成長ステージを共有した上で「個人ではなくチームとして評価する」みたいな基準も機能するかもしれません。

よいお題（3）――夢中になれるお題

「よいお題とは」の3つ目の視点は「夢中になれるお題とは」です。
「夢中」ということを考えるにあたっては、「フロー理論」が参考になります。ミハイ・チクセントミハイさんという心理学者が提唱したもので、『フロー体験　喜びの現象学』（世界思想社刊）という著書にひとつだけ出てくる図表を少しアレンジしたのがこのシンプルな図です。

サッカーにしても仕事にしても、思うようなパフォーマンスが発揮できていないとき、人はモヤモヤします。モヤモヤしているときには、この「フロー図」を眺めて「今どこにいるかな」と考えます（指導者であれば、学

モヤモヤの正体——モヤモヤの原因は2種類ある

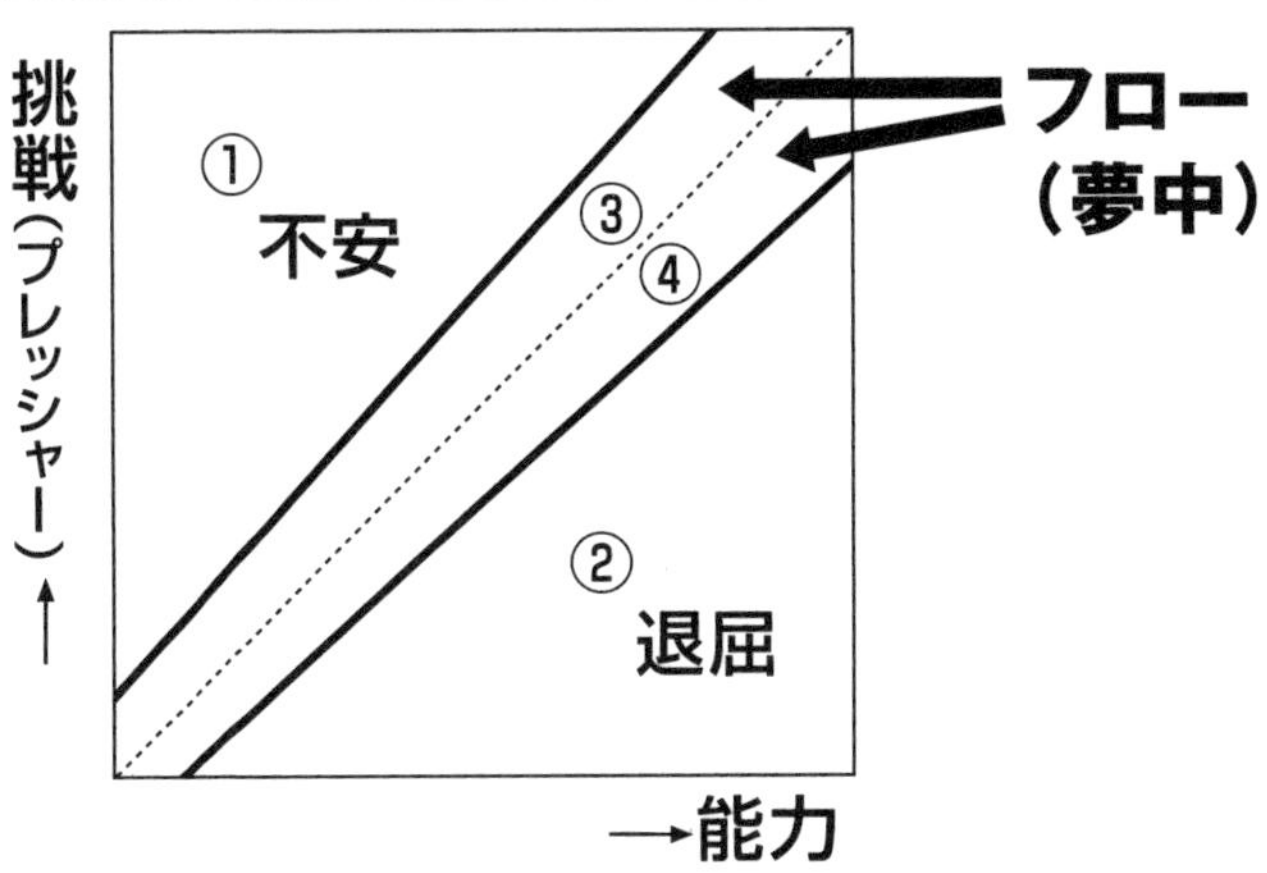

（参考文献）ミハイ・チクセントミハイ『フロー体験 喜びの現象学』を参考にアレンジ

習者が「今どこにいるか」を）。フロー図は、縦軸が「挑戦」で、横軸が「能力」です。能力を大きく超えた挑戦をすると、人は「不安」になります。逆に、能力が高いのに挑戦しないと「退屈」になります。**モヤモヤの正体は「不安」と「退屈」の2種類なのです。これに対して、挑戦と能力のバランスが取れているとき、人は「夢中」になりやすい。**それがこの図のメッセージです。真ん中の「フロー」というのは、夢中とか没頭している状態のこと。

筆者なりに図をアレンジして、フロー状態の真ん中に点線を引いてみました。図の③は、能力よりちょっと背伸びして挑戦している状態。できるかどうかわからないお題にチャレンジしているときは③のゾーンです。図の④は、挑戦より能力のほうが少し高いので、できることはわかっていて難易度がちょうどいい状態。やり慣れた作業に没頭しているイメージです。

ちなみに、福田が出したコントロールオリエンタードやロープ練のお題は「即時フィードバック」が返ってくる設計になっていました。**即時フィードバックは「フロー」に入る条件の一つです**（もし自分のアクションの結果が出るまで待ち時間があると、没頭状態がキープしにくい）。

指導者としては、いかに学習者を夢中（フロー）ゾーンに誘《いざな》うお題を設計できるかが問われます。そのためには、夢中ゾーンへの道を阻むものについて知り、意識的に対応できるようにしておくことが大事。そこで、夢中を阻む典型である「燃え尽き症候群」について考えてみましょう。高すぎる目標を背負ったプレイヤーが「絶対に勝たなければ（目標達成しなければ）」と自分に言い聞かせて不安ゾーンで無理をし続けた結果、どこかのタイミングで気持ちが切れてがんばれなくなるということがあります。そのような燃え尽き症候群のパターンを、フロー図にあてはめてみましょう。その際、**「必死と夢中の違い」**にフォーカスします。

高すぎる目標を背負うと、人は「不安」になります。必死でやっていくうちに能力が上がって達成できたとしましょう。目標が上がるタイプの集団にいる場合、さらに高いレベルのプレッシャーがかかります。そうやって「不安」ゾーンにいるまま進んでいくとどう

燃え尽き症候群をフロー図で考えてみると

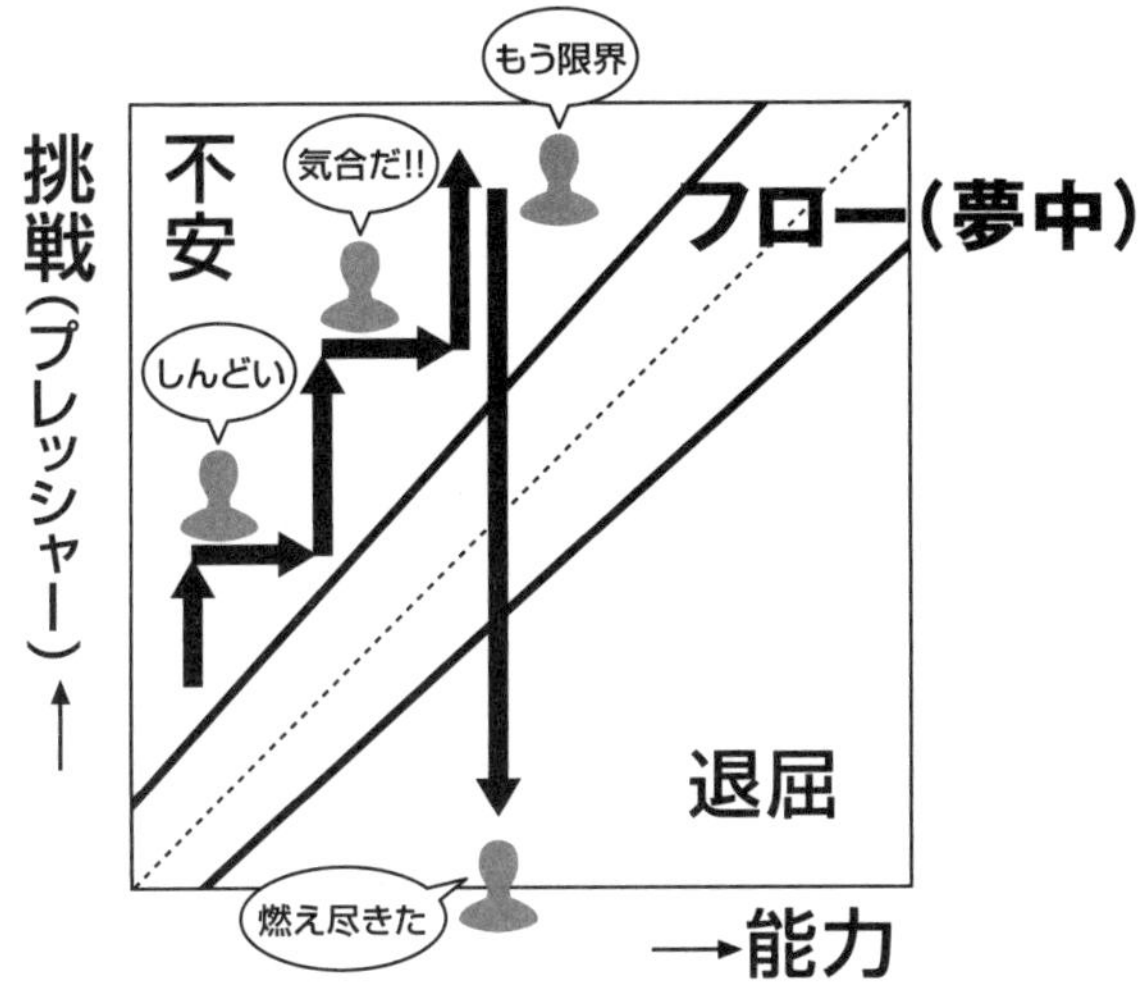

なるか。不安ゾーンは、精神的エネルギーの消耗が激しいエリアです（ずっと不安なので）。そうすると、どこかのタイミングでエネルギー切れになります。目標にしていた大会などが終わって気持ちが切れた途端、図でいうと「挑戦」の位置がドンと下がって、不安ゾーンから退屈ゾーンに突入するわけです（不安ゾーンこわい）。つまり、高すぎる目標を「必死」に追っている場合、やる気を出せば不安ゾーン、やる気をなくせば退屈ゾーンということになります。「必死」は、必ず不安か退屈に向かうモードなのです。

必死と夢中の違いについて、掘り下げてみましょう。

必死は、「期限までに結果を出さなければいけないプレッシャーに駆られている状態」です。目的は「結果を出すこと」なので、失敗は許されません。プレイヤーは「結果を出せなかったらどうしよう」という恐れと不安をもちながらプレーしています。これに対して**夢中は、「時間を忘れて〝いまここ〟のプロセスに没頭している状態」です。**目的は「目の前の作業に没入すること」であって、結果を出すためだけにやっているわけではないので、「失敗したらどうしよう」という恐れや不安もありません。

というわけで、伝統的アプローチで勝つことを求められ、「サッカー（仕事）は必死でやるもの」と思い込んでいると、そこから抜け出す道が見えなくなってしまいます。

では「夢中」を目指してもらうために、どうするか。

もし「挑戦」の難易度が高く、プレッシャーが強すぎるのがプレイヤーのパフォーマンスを下げている原因だとしたら、一時的に目標を下げるという選択肢も有効かもしれません。ただし、安易に挑戦から逃げる癖がつくと、やっていることにすぐ飽きて、退屈ゾーンに入りやすい体質になります。**不安ゾーンと退屈ゾーンの大きな違いは、不安ゾーンで成長する人はいるけれど、退屈ゾーンで成長する人はいないことです**（退屈ゾーンこわい）。

いずれにしても、指導者としては学習者が夢中ゾーンに近づいてもらえるようにお題の難易度を修正することが大事。これを「難易度のチューニング」といいます（1章で既出）。続いては、この視点を持って福田による「最大のお題設計」をみていきましょう。「アシトのサイドバック転向」のことです。

お題の難易度チューニング

『アオアシ』で最も重要なお題は、福田監督がアシトに出した「サイドバックへの転向」です。そこには出題者である福田による、何段階にもわたる連続したお題があります。いったい福田はどんなお題設計をしているのか、「難易度のチューニング」の視点を補助線にして思考プロセスをみていきましょう。手掛かりの中心になるのは、望コーチとのやりとりです

（すべて回想シーン）。

・入団前（7巻63話）

福田「今年のセレクション合格者はこの3名（大友、橘、アシト）に決定する。異論ないか？　望…」

望「――青井は無理だ。努力ではどうにもならん部分だ。エスペリオンの前線を張っている姿が想像つかん。愛媛の高校で伸び伸びやらせたほうが、まだプロになる可能性が…」

福田「DFに転向させる」

（望、ギョッとした表情）

福田「どうだ」

望「…サ、サイドバックか」

福田「…ああ。つながったろ？」

望「だ、だが、本人が望まないだろう！　無理やりやらせるわけには！」

福田「協力しろ、望。来《きた》るべき時に伝えるために」

・入団式の1年生限定の紅白戦前（7巻63話）

望「ここではFWで出すのか。青井を。いったいいつ本人に伝えるつもりなんだ!?」
福田「公式戦の何戦かはFWでやらせる」
望「いったいなんのためだ、それは!?　ポジション云々の前に基礎がなってない」
福田「慣れたポジションで…　まずは基礎ができてからだな。飛躍的にここが伸びれば話は早いが…　まあ夏…最悪秋ぐらいまでは無理だろう」
望「無理やりやらせるようなことだけはするな！　ユース《ここ》はそんな場所じゃない」

・桜吹雪の舞う日（27巻274話）
望「なぜ青井は、『サイドバック』なんだ？　私の直感でも、青井のサイドバックには賛成だった。だが、青井の視野を活かすなら最初から中のポジションをやらせる手もある。なぜ、はっきりと『サイドバック』なのか、一応聞かせてくれるか」

（略）

福田「言うまでもなく、プレーエリアの限定だ。当たり前だがサイドバックは、ほとんどの場合、片方のサイドと後ろに敵がいないんだよ。だが、ボランチは違うよな。全方位だ。360度。どこから来るかわからない敵から逃げながら、絶えずポジションを変え、決してボールを奪われず君臨しなければいけない。知っての通り、アシトは中学まで愛媛で、荒くれ者のサッカーをやっていた。基本も技術もない。エスペリオンユースに入って…　まずここにぶち当たるのは目に見える。それを、視野が唯一の武器だからと中盤に放り込んだらどうなるか。越えなければいけない壁があまりに多く、サッカーに絶望してしまうだろう。課題を、限定してやりたい。サイドバックなら、片方のサイドと後ろの敵を気にすることなく、一番後ろから戦況を見渡すことができる。あの位置で、自分の最強の武器は視野であること。越えなければいけない多くの弱点があること。自信家のあいつが心底痛感できるまでゆっくり学んでいってほしいと思う。…まあ、学んだあとでも、中盤がアシトの専任にはなりえないがな。アシトという男は『自由』を与えてこそ光ると思う」

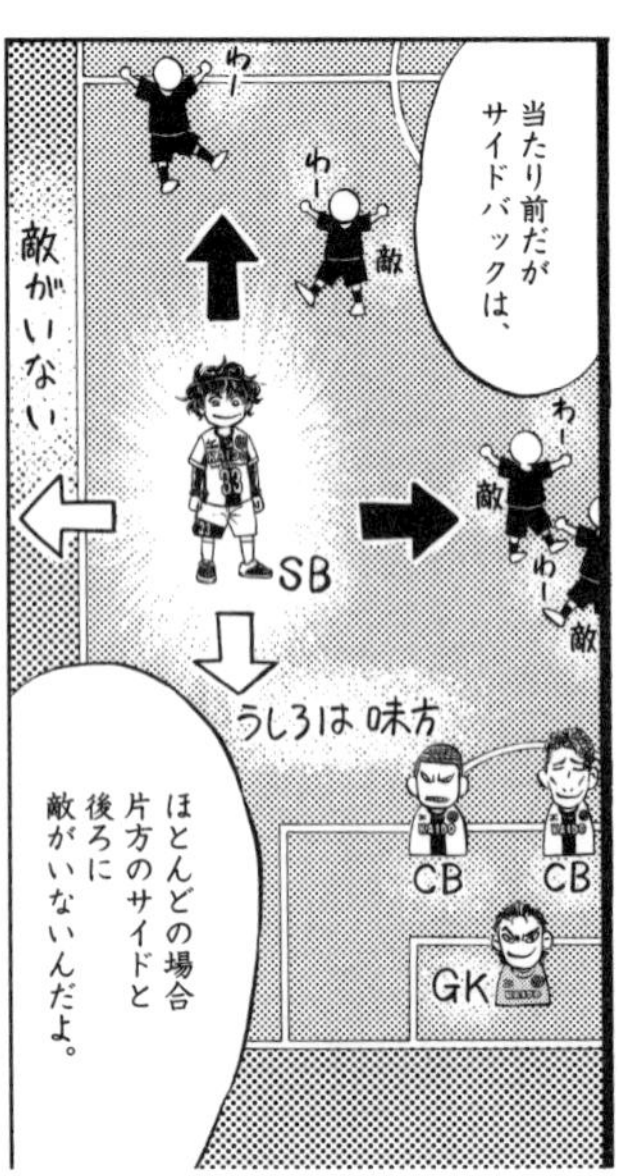
当たり前だがサイドバックは、
敵がいない
わー
敵
SB
うしろは味方
ほとんどの場合片方のサイドと後ろに敵がいないんだよ。
CB
CB
GK

だがボランチは違うよな。
全方位だ。
わー
うわっ
敵

望「……自由」
福田「俺は、サイドバックとは本当に『自由』だと思うんだ。制約が少なく、敵の少ないエリアからスタートして、上下走るも中に入るも縦横無尽。ある意味、浮いた存在とも言える。サッカーだけじゃないか。あそこまで『自由』を与えられたポジションがあるのは。青井葦人という人間性、そして視野——あいつを世界に連れていけるのは、サイドバックという、『自由』なんだ。中もできるサイドバックになれるかもしれないが、そこまではまだわからない」
望「……確かに」
（略）
福田「アシトが、左サイドを駆け上がり、そ

の位置から視野を使うか、中に入るサイドバックになるか、最後はあいつが決めることだろうが——そこはきっと、世界に繋がっているよ」

ああ、学びが深すぎます……。

ここから読み取れることをまとめたのが下図です（パッと見てわからなくてもご安心ください。順を追って解説します）。

成長を加速する「ダブルの目標」

まず、極めて重要なポイントがあります。

第1話の最後に語られている「福田の野望」

アシトへの「サイドバック転向」のお題設定

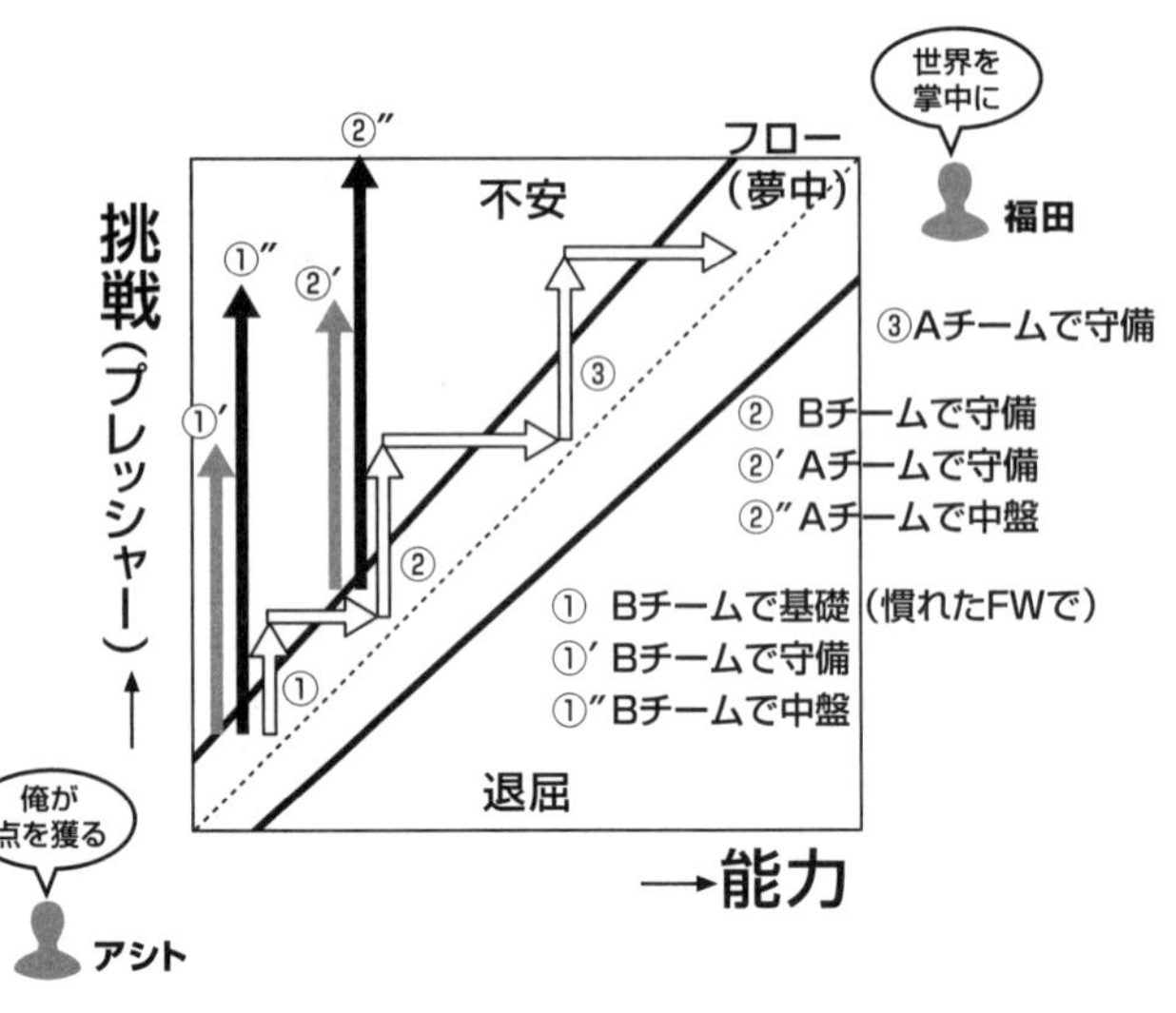

です。アシトへ曰く、「俺には野望がある。俺の作り上げたクラブで、世界を掌中に収める。世界への踏み台じゃない。我がクラブこそが世界だと。バルサもマドリーも、マンチェスターも、ミランも、叩きつぶす。その野望のすべてを担うもの、育成《ユース》だ。（略）世界へ、連れていってやる」と（1巻1話）。

目標設定を考えるにあたって「ダブルの目標」という視点があります。**ダブルの目標とは、目の前の目標（短期目標・小目標）に加えて、「世界を掌中に」などの遠くて大きな目標（長期目標・大目標）が設定されていること。**これによって成長スピードが速くなります。なぜかというと、基準が高くなるからです。お題への取り組み方にフィードバックをする際、「それって、世界を掌中にする者にふさわしいんだっけ？」が基準になります。大きな目標がないと、多くの人は「ま、こんなもんでいいでしょ」と妥協しがち。この差は大きいです。

実際、福田が選手に厳しく指摘をするシーンがいくつかあります。たとえば、Aチームで初出場を果たしたアシトが相手に抜かれるのを、センターバックの阿久津がカバーしにきてピンチを防いだときのこと（13巻131話）。一見、よいプレーにも思える場面で、福田がめちゃめちゃ怖い表情で阿久津に言います（ちなみに阿久津はアシトを毛嫌いしてツラく当たる、こじらせツヨツヨ先輩キャラ）。

ドッ
あああ～～
す、
すげえな
あのCB。
どの場面にも
登場してきて…
ワー
ワー
ピッピピッ
柏商交代だ！
早めに手を
打ってきた！
ワー
ワー
ワー
ワー

ワーッ
阿久津。
Tokyo City
ESPERION F.C.
KAIDO
ワー
ギョ
ワーッ
?
ハイ。
ワー

18

なぜ、青井にコーチングしない。
!!
第132話 新たなる感覚
青井にコーチングすれば楽に防げる場面まで、
なんで自ら出向くんだ。
ワーー
俺がいつそんなサッカーを教えた!?

福田「何やってんだお前。ナメてるのか。子供《ガキ》がサッカーやってんのか？　なぜ、青井にコーチングしない」

阿久津「‼」

福田「青井にコーチングすれば楽に防げる場面まで、なんで自ら出向くんだ。俺がいつそんなサッカーを教えた⁉」

阿久津「あんな野郎に…　俺が全部カバーしたほうがマシですよ」

福田「（阿久津に顔を近づけてボソッと）嘘つけよお前。本当にそう思ってるなら、実力不足を痛感させるためにどんどん使うのがお前流だろ。違うか？　今の青井なら、お前の要求に応えられるかも。そこまでわかってるから指示しないんじゃないのか？」

この福田のフィードバックは「世界を掌中にする者としてふさわしいか」を基準にしていると解釈できます。「目の前の試合に勝てるか」の基準であれば、あんな怖い顔でダメ出しする必要はありません。でも「世界を掌中に」の基準であれば、阿久津のプレーは誰の成長にもつながらないどころか、成長を阻害する行為になるわけです。こうして**「何もしてない風」は、基準を超えたNG行為には毅然としてフィードバックします（見逃さない）**。そこでなんとなく流されてしまい、言えなかったとしたら、それは単に「何もしてない」だけです（お題設計アプローチともファシリテーター型リーダーシップともいえない）。

「ダブルの目標」があると成長が加速する理由の2つ目は、遠くて大きな目標（長期・大目標）が成長をひっぱってくれる「磁石になる」からです。どういうことか。目の前のお題に取り組んでいてまだ達成できていない状態でも、「ここまでくれば次のお題にいける」と判断すれば、お題を切り替えていきます。エスペリオンユースAチームで、1年生ディフェンダー4人と小早川・秋山が「縦の連携」のお題に取り組み始めてまだうまくできていないうちに、福田がより高度な「嵌めてこい」というお題を出したシーンはまさにこれです（成長スピード速すぎないか、というのは置いといて）。

というわけで「ダブルの目標」では、長期・大目標をどこに置くかで日々のふるまいがまったく変わってきます。プロになることを目標にしている者と、世界を掌中にすることを目標にしている者では、目の前のお題に取り組む姿勢が違ってくるし、足切りラインも変わってくるわけです。

なお、長期・大目標が壮大で遠すぎる場合は、中期・中目標を使います。具体的な例としては、創業期の楽天という会社がこんな設定になっていました。

・長期・大目標……世界一のインターネットサービス企業（目標がでかい）
・中期・中目標……今の30倍くらい（年間流通総額３６０億円のときに1兆円を掲げる）

・短期・小目標……毎月の流通総額（モール出店者の売り上げの総和）目標（これは必達）

ポイントは、大きな目標（長期・中期）を掲げる際にはまだ日付を入れないこと。目標を提示された側はポカンとしていて、まったく自分ごとにはなっていないところからスタートします（日付が入ってないから不安にはならない）。でも、やり続けているうちに、気づけば「あと5倍くらいだ。見えてきた！」と思うタイミングがきます。そうすると、ゴールしてないのにまた次の「30倍の中期目標」が掲げられるわけです（そして、現実味が生まれた5倍目標には日付が入っていきます）。

イメージでいうと、「30メートルダッシュやるから集まって」と言われて、よーいドンで走り出し、15メートルあたりに差し掛かったところで「ハイ、100メートル走に変更です」となる感じ。さらに、60メートルのところで「ハイ、200メートルで400メートルに変更」、200メートルで「800メートルに変更」、100後も「1500メートル」「5キロ」「10キロ」……と続いていって、気づいたら30メートルダッシュのペースでマラソンを走っていた、みたいな。たとえが極端に感じるかもしれませんが、筆者が入社した20人の会社が数年で数千人になるプロセスとして実体験したことのイメージです。磁石に引っ張られる感覚がありました。ゴールに近づくと大目標・中目標の磁力が強くなって加速する感じがします。これを「ダブル目標の磁石効果」と呼ぶことにしましょう。**大事なのは「目の前のお題をゴールしても、常に磁石（お題）が先に置かれている状態」を維持することです**（リニアモーターカーでたとえるといいのかもしれない）。

お題の難易度を上げる際の鉄則「変数を複数にしてはいけない」

「世界を掌中に」という設定の意義がわかったところで、目の前のお題設計についてみていきましょう。アシトの育成について出題者として考えられることを整理してみます。キーワードは福田の言う**「課題の限定」**です。

まず、アシトの現状。ずば抜けた「俯瞰的視野」の才能があります。その強みを活かすなら、まず中盤のプレイヤー（司令塔）として育成する選択肢が浮かびます。かつ「世界を掌中に」の基準からすれば、すぐにAチームデビューをしてもらいたいところですが、そもそもアシトは基本的なセオリーも基礎技術も身についていないので「いきなりAチーム」という選択肢はあり得ない。

とすれば、最も安易な選択肢としては「Bチームで中盤」です（〃①）。しかし、中盤の選手は360度の視野が求められるのに、最前線であるフォワードだったアシトはその状況は未体験。福田曰く「越えなければいけない壁が多くなりすぎて絶望するだろう」、つまり難易度が高すぎると。かつ、福田はアシトの「型（セオリー）にハマらない自由さ」を才能として評価していて、それを開花させるには「自由すぎるポジション」であるサイドバックだと初見で決めています（そもそも栗林選手とも「攻守コンプリートしたサイドバックがほしいよね」という話をしていたので、そこにぴったりハマった）。なので「Bチームで中盤」という選択肢はナシ。

そこで2つ目の選択肢としては、「Bチームで守備（サイドバック）」です（①）。しかし、基本的セオリーも基礎技術もできていないアシトにとっては、やはりお題の難易度が高すぎると。メンタル的にも、点を取ることしか興味がないアシトにいきなり「守備」のお題を出してもやる気が出ません（↑「つかむ」のは、お題設計アプローチでは大事な視点）。で、3つ目の選択肢として「Bチームで慣れたフォワードをやりながら基礎を学ぶ（まず小さな成功体験を得てもらう）」が出てくるわけです。フロー図でいうと、いかにフロー（夢中）ゾーンから離れすぎないようにするか。これが「お題の難易度チューニング」ということです。

ここまでを整理してみましょう。フロー図に加えて、「お題の難易度チューニング（課題の限定）」を考える際に重要な視点が一つあります。それは、

「レベルを上げるときにはポジション（仕事内容）を変えない。ポジション（仕事内容）を変えるときにはレベルを上げない」

ということです。つまり、お題の難易度を上げるときには変数を複数にしてはいけません。なぜなら、新しいお題でうまくいかなかったときに「レベル変更が問題なのか、ポジション（ジャンル）変更が問題なのか」が判別できなくなるからです。したがって、お題設計としては難易度を上げる際、「変数を一つにする」のが鉄則になります。

「″①Bチームで中盤」だと、愛媛の公立中学の部活で荒くれ者のサッカーをやっていたアシトにとっては、レベルもポジションも変

アシトへの「サイドバック転向」のお題設定

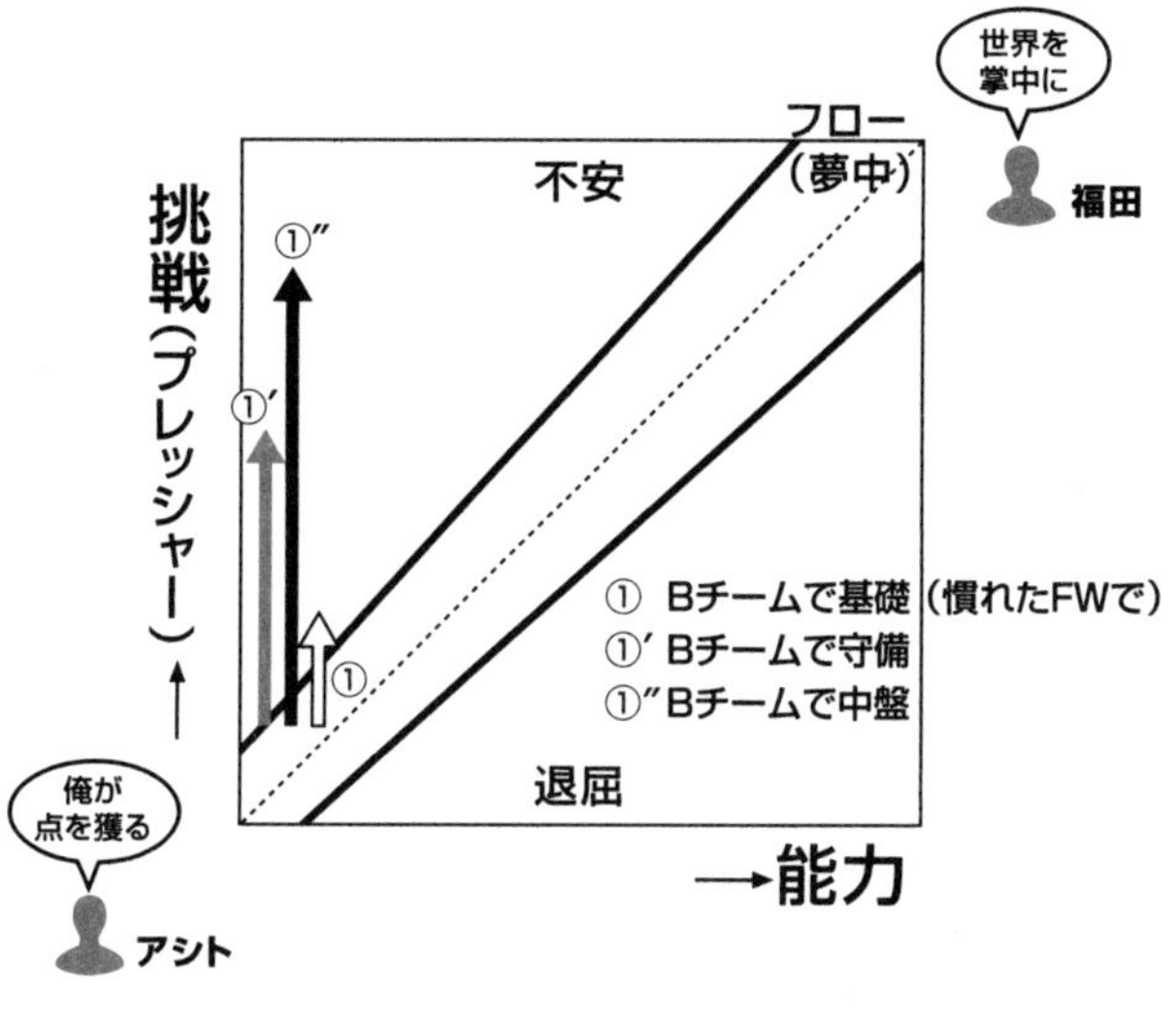

わります（変数が複数）。

「①Bチームで守備」だとしても、レベル、ポジションとも変わります（変数が複数）。「①Bチームで基礎（慣れたフォワードで）」なら、レベルだけが変わることになるわけです（変数が一つ）。

一般的なビジネスにも置き換えてみましょう。「営業のプレイヤー（部下なし）」を「新規事業のマネジャー（部下あり）」に昇格&異動すると、変数が複数になります。それがうまくいかなかった場合、新規事業がうまくできないのか、マネジメントがうまくできないのかもわからず、本人はムダに大きな挫折感を味わうことになるわけです（かわいそう）。なので、**選択肢としては「営業部でマネジャー（タテ移動のみ）」か「新規事業でメンバー（ヨコ移動のみ）」の2択です。**この視点があるだけで、お題の難易度を高くしすぎるミスがかなり防げます。

「お題の難易度チューニング」の理解を深めるために、アシトの2番目のお題についてもみていきましょう。「Bチームで基礎（慣れたフォワードで）」というお題をクリアして「ユースすごい！　めっちゃ学びある！」と小さな成功体験を得たアシトに、次どんなお題を出すか。もし「中盤で司令塔」というビジョンを推す人であれば、選択肢として「B

東京都リーグ　第2節
審判団
主審　茂庭 隆也
副審　中島 慎吾
久留米第一　0
得点（アシスト）
□青井（大友）　後半 11分
□中村　後半 20分
□黒田（青井）　後半 34分
エスペリオン
ユースB　3
チームは結局3-0で大勝。
アシト、お前は1得点1アシスト。
だが 数字だけじゃない。前節に引き続き、お前の働きでチームに勢いがついた。
パンッ
お前のおかげだ!
おっちゃんのおかげだ。

どんどんサッカーが楽しくなる…
今まで できなかったいろんなことができるようになって…
でも、教わることは まだまだいっぱいあって…
最高の場所に連れてきてくれた。
おっちゃんと出会ったおかげや。
ありがとう！
Aに上げてくれ。
すぐ義経さんの代わりになるなんて思ってねえ。
オレは まだまだド下手くそだ…遊馬と比べても全然やと思う。
でも、
必ず成長する！
約束する。

そういや、
二人きりで話すのは あの砂浜以来だなー。
すまない アシト。
Aには まだ上げられない。
な、なんで!?
アシト。

ＤＦ《ディフェンダー》に転向しろ。

チームで基礎ができたから、次はAチームで中盤を（②″）」と思ってしまいがちです。でも、もうおわかりの通り、これは変数が複数になるのでナシ。次の選択肢は「②′Aチームで守備」ですが、これもレベルとポジションが変わります。だから福田は、成長実感に満ち溢れて「Aに上げてくれ」と言ったアシトに、「すまないアシト。Aにはまだ上げられない。DFに転向しろ（②）」と告げたのです（6巻61話）。なお、変数を1つにするなら「フォワードでAチーム」も論理的にはあり得ますが、福田の価値基準は「早いうちに転向」が優先なので、あのシーンになったのだと思われます。

いかがでしょう。もうかなり「お題の難易度チューニング」の感覚がつかめたのではないでしょうか。

このあと、Bチームで守備の基礎をつかんだアシトを見て、福田は「③Aチームで守備（変数が1つ）」のお題を出すに至るわけです（12巻116話）。

ここまで「なぜ教えても育たないのか」という問いから始めて、正解のない時代には「伝統的アプローチ」から「お題設計アプローチ」への転換が求められる、というハナシを進めてきました。

同じく「はじめに」では、指導される側からの「なぜこの職場では成長できる気がしないんだろう」という問いも並べています。もしそのギモンを持ちながらここまで読み進めた読者がいれば、おそらく「だから成長できる気がしなかったのか」という気づきがいくつか得られたのではないかと思います。ただ、それがわかったとはいえ、「よいお題をくれる人や環境に恵まれていないんですけど、どうすれば？」と感じるのではないでしょうか。

そこで本章の最後に、「学習者の心得」を考えてみたいと思います（特に、環境に恵まれていないあなたへ）。

①引っ張ってくれる強いリーダー、賢者風リーダーを求めない。正解を求めない。スキルアップ効率を求めない。誰かの回答をそのまま模倣しない。自分の回答を出し、自分でつかむ。↓正解のない時代に、正解を求める、正解をくれるリーダーを求めるのはムダな期待なので、あきらめましょう笑。誰かがうまくいったやり方も決して正解ではないので、複製の型とするのではなく、生成の型として学びを得ます。お題に回答する活動自体を楽しめるよ

うになると幸福度が上がります。

②給料はガマン料という考えを捨てる。「こんなもんでいいだろ」という価値基準を捨てる。↓給料はガマン料という発想だと「おかしいと思ったことも言われた通りにやる」だけになり、「こんなもんでいいだろ」が基準だと「言われたことすらちゃんとできていない状態」に甘んじることになりがちで、長い目で見るとまったく成長できず、いろいろうまくいかなくなる可能性が高くなります（人生１００年時代なのに、こわい）。

③出題者より自分のほうがうまくできることがあるからといって、お題をスルーしない。↓伝統的アプローチだと「自分よりうまい人に教わる」ことでうまくいったかもしれませんが、「お題設計がうまい人」はあなたよりすべてにおいて上位互換である必要はありません（名選手が必ずしも名監督ではない、というやつ）。しかも優れた愚者風リーダーであればあるほど「自分のほうができる感」を出してこないので安易にチャンスを逃さぬようお気をつけください。

④お題に取り組むときに「無理だ」「むずかしい」と言わない、思わない。↓お題に取り

組む気がないときに口から出てくるのが「無理」「むずかしい」です。そう思ってるうちはアイデアが出てこないので、お題をクリアできません。チームお題の場合だと、一人でも「無理」「むずかしい」と言っているうちはうまくいきません（その人が足を引っ張り続ける）。

⑤お題の抽象度が高い場合、「やってはいけないことはありますか？」と制約条件を確認する。↓お題がざっくりしすぎている場合は、出題者自身もあまり解像度が高くないことが多いので、制約を問いかけることでだんだん出題者のアタマの整理が進みます。かつ「制約条件の追加があったら教えてください」と伝えておけば、あとは「ダメと言われてないことは何をやってもいい（怒られる筋合いはない）」ことになるわけです（自由が手に入る）。

⑥お題の制約条件が過剰だと感じる場合は、「そのお題だとこういうやり方はNGになりますが、それをやってはいけない理由はありますか？」と確認する。↓これも出題者の解像度を高めるための問いです。過剰だと判明すれば、こちらの自由度が上がるわけです。

⑦お題の難易度がカンタンすぎるときは、自分で勝手に難易度を上げる。特に、繰り返し

を求められたとき。↓フロー図の退屈ゾーンに居続けることに甘んじてしまうと、きっと将来うまくいかなくなるので（こわい）。「仕事を遊ぼう」とか「遊ぶように働く」と言っている人の共通点に気づいたのですが、それは「退屈耐性が低い」ことです。退屈に耐えられないので、仕事でも夢中に近づくように工夫しちゃう。遊んでる子どもと同じなのです（退屈がキライ）。

⑧うまい「ファシリテーター型リーダーシップ」を実体験しにいく。うまく機能している「1対n対nの実践コミュニティ」を実体験しにいく。ただし、うまい人、よいコミュニティの「お客さん（単によいサービスを受けようとする姿勢）」にならない。↓今の職場によい環境がないなら、どこかに探しにいきましょう。「本当にこういう世界があるんだな」と実体験できれば、自分でもいろいろ工夫することができるようになります。探しに行くときには「お金を払ってるんだからサービスを受けて当然」と思うと、学びの取れ高が激減します（依存こわい）。

⑨自分で誰かによいお題をつくってみる。↓どんなに小さなことでも構わないので、少しでも早く、お題をつくる側に回りましょう。お題に回答するだけの視座と、出題者の視座は、

考えることや学ぶことが10倍以上違います（お題をつくると成長スピードが加速する）。

⑩ **「自分で考えて動くとは、何をどうすることなのか」を考える。**↓自律自走型の人材になるためには必須のお題です。詳しいことは『アオアシに学ぶ「考える葦」の育ち方』に書いてありますので、読んでみてください（もしご興味あれば）。

というわけで、10項目になりました。恵まれていない環境にいる人が自力で成長するためのヒントになることを願っています。

おわりに

２０００年1月2日、親戚の家でお正月を過ごしていた筆者のケータイが鳴りました。「本城愼之介」と表示されています。三木谷浩史さんと2人で楽天を創業した、当時の副社長です。

筆者「あけましておめでとうございます！」
本城「おめでとう！　でさ、仲山くん、楽天大学やんない？」
筆者「は？！」
本城「楽天大学。やんない？」
筆者「……や、やります」
本城「オーケー！　じゃ、詳しい話は休み明けに」

楽天大学というのは、１９９９年11月くらいに三木谷さんが「楽天大学をつくろう！」と言い出して、担当者が準備を進めていたプロジェクト（楽天市場出店者さん向けの学びの場）。でも、その担当者が年末に退職しちゃったのです。そのお鉢が、当時ＥＣコンサルタントだった筆者（といっても入社半年）に回ってきたのでした。で、休み明けの1月4日。

本城「講座は1月20日から始まるから」
筆者「なるほど。で、カリキュラムは？」
本城「6講座やります。1講座15,000円で」
筆者「いいですね。で、講座内容はどこまでできてるんですか？」
本城「ん、まだ1コもできてない」
筆者「え？」
本城「がんばってつくってね！　よろしく！」
筆者「うぇぇぇぇぇぇぇっ！！？」
本城「6講座ね♪」
筆者「？？！！！」

その後、三木谷さんに呼ばれました。
「事例がたまってきたので、楽天版のMBAをつくりたい。MBAのキモは、フレームワーク（考え方の枠組み）を身につけて自分で考えられるようになるところだから、細かいテクニックとかじゃなくてフレームワークをつくってほしいんだよな。だから楽天大学で、店舗さんに自分で考えて動けるようになってもらって。よろしく」

これが、筆者に出された「お題」です（うろ覚えですが、だいたいこんな感じ）。そこから試行錯誤が始まって、なんとか2週間ちょっとで楽天大学を立ち上げることができました（ギリギリ）。そして、何のベースもないのに「教える」仕事に従事することになったわけです。そもそも2000年におけるEコマース（ネットショップ）なんて、誰もやったことがないチャレンジで、どこにも正解などなく、店舗さんも楽天スタッフも全員手探り（カオス）。そんな中、楽天大学の活動としてあれこれ試行錯誤するなかで形成されていったのが「よいお題」と「1対n対nの実践コミュニティ」でした。

ふりかえってみると、筆者に出されたお題はよくできていたなと思います。たとえば「6講座で1講座15,000円」という制約条件が絶妙です。もし「講座数も価格も自由」と言われたら、選択肢が多すぎて間に合わなかった気がします。制約により絞られていたからこそ、「15,000円以上の価値を感じてもらえる講座コンテンツにすればよいだけだな」と思えたわけです。「店舗さんに自分で考えて動けるようになってもらう」という目的を提示されたことも、よい制約条件になりました。制約がハッキリしていたおかげで自由に発想することができた結果、「みんなが話したくなるお題をつくって、グループワークでそれぞれの店舗さんの実践談をシェアしてもらう」という「1対n対n」の講座スタイルが生まれたのです。

そして、その講座を進行する筆者は自然と愚者風になっていき、「あの人は答えを教えてくれない」と言われるようになりました（よい意味でだと思いたい）。つい先日も、とある講演会に呼んでいただいて質疑応答のときに、質問に対して「んー、わかりません」とお答えしたら、「〝わかりません〟なんて言った講師は初めてだ！」と驚かれたところです（愚者っぷりが仕上がってきているのかも？）。

そんな筆者が、数年前に出合ったのが「エコロジカルアプローチ＆制約主導アプローチ」「ディファレンシャルラーニング」という理論です。「自分がこれまでやってきたことはこんなふうに言語化することができるのか！」と興奮するとともに、筆者がリスペクトする名指導者、イビチャ・オシムさん（元サッカー日本代表監督）のトレーニングを考察するときに「これらの理論を補助線にすると極めて解像度が上がる！」とテンションが上がりました。それが本書にも大きな影響を及ぼしています。「伝統的アプローチとお題設計アプローチとの対比」は、エコロジカル&制約主導アプローチの説明を参考にしたものです。筆者は研究者ではないので、エコロジカル&制約主導アプローチやディファレンシャルラーニングの詳細は把握しきれていないのですが、そこから示唆を得て、本書では「お題設計アプローチ」「変動学習」という表現を使うことにしました（カタカナが多いとよくわからなくなるタイプ）。

なお、今回こうして言語化しながら思ったのは、筆者が身を置いた環境が「お題設計アプローチ」や「変動学習」の視点でみると極めて恵まれていたな、ということです。創業期のベンチャー企業は、顧客数や社員数がどんどん増えていったり、毎日いろいろな問題（天然のお題）が起こったりします。かつ、楽天市場の出店者さんは、扱う商品ジャンルも多様、本業の業態もメーカー・卸・小売があり、企業規模も個人商店から大企業まで様々。しかも、それぞれのお店がいろんな成長のしかたをしていくという、多様で変動的なお題の宝庫でした。

また、楽天という会社では「エンパワーメント」という理念と「成功の5つのコンセプト」という行動規範が明示され、かつ日常使いされていたのが「よい制約条件」になっていました。そこさえ押さえていれば、自由な発想で何をやっても怒られはしないわけです（**よい理念とよい行動規範は、よい制約条件になる**）。

ハナシは変わって、本書は筆者にとって『アオアシ』とコラボした2冊目です。1冊目の『アオアシに学ぶ「考える葦」の育ち方』では、企画段階で「個の思考力」「組織の思考力」「個と組織の育成（ファシリテーション）」の3部構成でした。しかし、想いがあふれすぎてページ数が多くなり、結局、1部の「個の思考力」だけしか入れることができませんでした。今回、「幻の2部・3部」を世に出せる機会をいただけて光栄至極なのですが、これも今思えば、1冊目を出したあとにエコロジカルアプローチの研究者・植田文也さんとの出会いなどがあり、1冊目のときは「まだそのテーマを扱うのは早い」という天の思し召しだったのではないかと感じています（天からのお題すごい）。

この本や『アオアシ』を読んでワクワクしてきた方、もしよければメールをください。感想など、一言だけでもうれしく拝読させていただきます！

仲山進也（nakayamakouzai@gmail.com）

アオアシに学ぶ「答えを教えない」教え方

自律的に学ぶ個と組織を育む「お題設計アプローチ」とは

2025年4月28日　初版第1刷発行

著者　仲山進也　ⓒ Shinya Nakayama 2025

イラスト　小林有吾
装丁　田中陽介＋ベイブリッジ・スタジオ
本文デザイン　設樂 満

資材　朝尾直丸
制作　国分浩一
販売　佐々木俊典
宣伝　秋本 優
編集　松井秀明

発行　鳥光 裕
発行所　株式会社 小学館
〒101-8001 東京都千代田区一ツ橋2-3-1
TEL　編集　03-3230-5428　販売　03-5281-3555
印刷所　萩原印刷株式会社
製本所　株式会社若林製本工場
イラストデータ製作　江戸製版印刷株式会社
Printed in Japan

ISBN978-4-09-311592-6